Cuba bajo la Bandera Norteamericana

(1898-1902)
CUATRO AÑOS DE INTERVENCION
NORTEAMERICANA EN CUBA
TRAS EL COLAPSO FINAL
DEL IMPERIO ESPAÑOL

COLECCIÓN CUBA Y SUS JUECES

EDICIONES UNIVERSAL, Miami, Florida, 2018

Las cosas no iban muy bien
en la Guerra Hispano Cubana,
ni para Cuba ni para España. Ambos
contendientes habían destrozado furiosamente
la infraestructura económica de la isla.

Por razones humanitarias, geopolíticas
y económicas, los Estados Unidos
decidieron entrar en la Guerra.
En unas semanas terminaron la
contienda y devolvieron la paz a Cuba.

Los Estados Unidos pudieron haber
incorporado la isla a su territorio o
pudieron convertirla en una colonia,
pero sus propias leyes se lo impedían.

Comenzaron entonces una gran labor
de reconstrucción física, moral, educacional,
política y económica, como jamás había
animado a ninguna potencia vencedora
en una guerra. Durante cuatro años Cuba
fue reconstruida y transformada en una
comunidad viable, capaz de diseñar
y construir su propio futuro.

Los Cubanos hicieron las paces con España
y comenzaron a gobernarse a sí mismos,
dando una bienvenida con todas sus fuerzas
tanto a Españoles como a Americanos.

Esta es la historia de esa reconstrucción
que lanzó a las Américas una joven y
moderna **República de Cuba** en 1902.

DEL MISMO AUTOR:

HISTORIA DE LA QUÍMICA INDUSTRIAL
TOTAL QUALITY AND PRODUCTIVITY MANAGEMENT
PERFORMANCE MANAGEMENT
STRATEGIC PLANNING
MANAGEMENT DEVELOPMENT
PROCESS IMPROVEMENT TEAMS
QUALITY STRATEGIES
GESTIÓN DE FUTURO

CONTRAMAESTRE
BARAGUÁ
POEMAS Y MEMORIAS DE CUBA
JIMAGUAYÚ
GUÁIMARO
FREEDOM EMBATTLED
COLONIAL CUBA
REPUBLICAN CUBA
EXILED CUBA
THREE DAYS IN MARCH
RAÍCES CUBANAS
ÁLBUM DE CUBA
RESCATANDO A MARTÍ
UN FESTIN DE PALABRAS
DAMN THE REVOLUTION
MADAME SECRETARY
LA GRAN ESTAFA
LAS MEMORIAS DEL ALMIRANTE CERVERA
MATANZAS EN LA INDEPENDENCIA DE CUBA
TRES TESTIMONIOS PATRIÓTICOS
LAS MEMORIAS DE MÁXIMO GÓMEZ
LA INSURRECCIÓN EN CUBA
OUR CONSUL IN HAVANA
CUBA BAJO LA BANDERA NORTEAMERICANA

DEDICATORIA

Para
ANTONIO MARÍA ENTRALGO, SCH.P.
Sacerdote Escolapio, hijo de Mambises,
maestro y formador de jóvenes.
FRANCISCO VILLAVERDE, O.P.
Fraile Dominico, sabio consejero
de toda una generación de jóvenes Cubanos.

y
MARIO VIZCAÍNO, SCH.P.
Sacerdote Escolapio, pionero de la
Pastoral Juvenil y el Ministerio Hispano.

Las banderas Cubana y Norteamericana ondean juntas en la fachada de la Estación Central de Ferrocarril de Villanueva en el centro de La Habana, donde hoy se ubica el Capitolio Nacional.

RAUL EDUARDO CHAO

Cuba bajo la Bandera Norteamericana

(1898-1902)
CUATRO AÑOS DE INTERVENCION
NORTEAMERICANA EN CUBA
TRAS EL COLAPSO FINAL
DEL IMPERIO ESPAÑOL

Copyright © 2018 por Raúl Eduardo Chao.

———

Primera edición de

EDICIONES UNIVERSAL
P.O. Box 450353 (Shenandoah Station)
Miami, FL, 33245-0353, USA
Tel: (305) 642-3234   Fax: (305) 642-7978
email: ediciones@ediciones.com
http://www.ediciones.com
Desde 1965

Library of Congress Catalog Card No.: 2018955338
ISBN-10: 1-59388-300-5
ISBN-13: 978-1-59388-300-3

Diseño de la cubierta: Luis García Fresquet

Portada:

El desembarco del General Norteamericano William Rufus Shafter (sentado al centro) y el Almirante William Thomas Sampson (a su izquierda, vestido de blanco) en la Playa de Aserradero, cerca de Santiago de Cuba, el 20 de Junio de 1898 para conferenciar con el General Cubano Calixto García y comenzar la guerra Hispano-Cubano-Norteamericana.
Dibujo de T. de Thulstrup

Contraportada:

Un grupo de los 1,300 Maestros Cubanos que en el año 1900 fueron becados por el gobierno Norteamericano de ocupación en Cuba para asistir a la *Escuela de Verano para Maestros Cubanos* de la Universidad de Harvard, en Cambridge, Massachusetts, bajo los arreglos de Alexis E. Frye, Superintendente de Escuelas de Cuba y Chales W. Elliot, Presidente de Harvard University.

Todos los derechos
son reservados. Ninguna parte de
este libro puede ser reproducida o transmitida
en ninguna forma o por ningún medio electrónico o mecánico,
incluyendo fotocopiadoras, grabadoras o sistemas computarizados,
sin el permiso por escrito del autor, excepto en el caso
de breves citas incorporadas en artículos críticos o en
revistas. Para obtener información diríjase a
Ediciones Universal

Tabla de Contenido

Introducción	10
Los años decisivos de la Guerra Hispano-Cubano-Norteamericana	14
Eventos y sucesos políticos desde 1898 hasta 1902	30
Un recorrido por la Cuba que estaba en ruinas	37
La Visión Norteamericana de la Ocupación de Cuba	52
El Progreso logrado en Cuba durante la ocupación Americana	88
Epílogo	161
Apéndices	163
Referencias	189
Índice Onomástico	190

Introducción

En la mañana del 14 de Julio de 1898, el General José Toral, comandante de la guarnición Española en Santiago de Cuba, envió una carta al General William Shafter, jefe de las tropas Estadounidenses, mencionándole la autorización recibida del Capitán General Ramón Blanco para negociar la capitulación de la ciudad. Al mediodía de ese mismo día, Toral sorprendió a los Norteamericanos al expresar su determinación de rendir no sólo a Santiago de Cuba, sino a toda la provincia de Oriente. La capitulación formal de la plaza tuvo lugar el 17 de Julio. Ese día los generales Shafter y Toral, con una escolta de cien hombres cada uno, se encontraron entre las dos líneas militares y firmaron la rendición de Santiago. El evento puso punto final a los 400 años de un Imperio Español cuya extensión global fue tal que por muchos años, en sus posesiones, *"no se ponía el sol."*

Es muy difícil precisar cuál era el sentir de los residentes de la isla al Cuba dejar de ser colonia de España en 1898. En la isla coexistían cinco actitudes y puntos de vista con relación al futuro de Cuba: separatismo, reformismo, anexionismo, autonomismo y, sin lugar a dudas, un grupo de Cubanos cuya actitud puede caracterizarse como los desarraigados.

Los **separatistas** nunca alcanzaron ser la gran mayoría de la población como hubieran querido los grandes patriotas Cubanos que desde mediados del siglo XIX añoraban la independencia de Cuba. En realidad ni siquiera un hombre sacrificado, carismático y soñador como José Martí llegó a ser suficientemente conocido y popular entre los Cubanos de la isla. La prensa en Cuba guardó siempre un silencio e indiferencia absoluta con relación a Martí, con la posible excepción de algunos lectores de Juan Gualberto Gómez que posiblemente no pasaron de unos cuantos cientos. Los criollos que querían la independencia de Cuba y apoyaron la guerra de 1895 no eran posiblemente más de un 10% de la población de la isla.

Los **reformistas** Cubanos y el movimiento reformista fueron más activos y conocidos en París que en Cuba en la segunda mitad del siglo XIX. Entre ellos estaban José Antonio Saco, José Silverio Jorrín, Francisco Frías y Pedro José Guiteras. Sus intereses incluían estudiar la problemática Cubana y resaltar la necesidad de que España llevara a cabo amplias reformas. A finales de siglo, después de numerosas ocasiones en que fueron ignorados por España y a pesar del apoyo que recibieron de figuras como Víctor Hugo, los reformistas activos que quedaban en Cuba en 1895 posiblemente no excedían unos pocos centenares. Parte del declive del reformismo se produjo al ser defraudadas sus esperanzas cuando al llegar al poder en España los sectores progresistas y moderados, no modificaron en nada la conducta colonialista de la metrópoli.

Los **anexionistas** Cubanos eran posiblemente un 15% de la población instruida, empresarial y burguesa de la isla pero menos de un 3% del total de residentes. Les guiaba el interés de proteger sus capitales, progresar en un ambiente de tranquilidad o simplemente sentirse seguros como miembros de un país que a todas luces estaba llamado a ser importante. El resto de la población de la isla no compartía sus motivos y motivaciones pero hubieran aceptado con gusto una asimilación a los EEUU. Muchos de los anexionistas Cubanos en 1898 lo eran porque creían que los Cubanos no eran capaces de gobernarse a sí mismos. Ya a mediados del siglo XIX el anexionismo comenzó a perder seguidores en Cuba cuando se hizo evidente que si la isla se integraba a los EEUU no podía evadirse de ser, por hallarse al sur, un estado esclavista.

El **autonomismo** en Cuba se hizo cada vez más importante como fuerza política entre el Pacto del Zanjón y el Grito de Baire. En 1895 sus adeptos eran posiblemente de un 3 a un 7% de la población de la isla. Su importancia fue evidente en el grito popular de los independentistas en 1895: *¡los autonomistas, a las guásimas!,* es decir, hay que ahorcar a los autonomistas. Muchos propietarios criollos, abogados, publicistas, e incluso terratenientes, decidieron abrazar esa causa pensando que la autonomía en Cuba era una forma práctica de compartir y hacer suya la soberanía Española. En palabras de José María Gálvez, presidente del Partido Autonomista... *"la autonomía bajo la nacionalidad Española es contar con las mismas libertades de los Españoles, a saber, ser reconocidos como Cubanos civilizados, cultos y poderosos."* El ilustre Cubano Rafael Montoro fundó el *Partido Liberal Autonomista* del que fue su líder e ideólogo por más de 20 años y gracias al cual sirvió a Cuba en las Cortes Españolas.

Los **desarraigados** de Cuba, por último y como indican las cifras anteriores, eran posiblemente entre 60 y 80% de la población de la isla. Los hubo de todas clases: gentes humildes que se mantenían al margen del quehacer político Cubano; Españoles y criollos que buscaban en Cuba paz y posibilidades de progreso, fuera con la nacionalidad que fuera, lo cual no les afectaba en lo personal; personas de color cuyo interés principal y único era avanzar y salir del estado de maltrato y ofensa al que habían sido sometidos ellos y sus antepasados por largos años; otros miles de personas que permanecían en Cuba en tanto y cuanto tuvieran la libertad de hacer sus propias vidas sin estorbos políticos, sociales o económicos.

Una vez los soldados Españoles marcharon de vuelta a España y las posiciones administrativas y de mando de la isla fueron ocupadas por Norteamericanos y por criollos escogidos por los Norteamericanos, la historia de Cuba siguió su curso. Durante cuatro años el ejército de ocupación de los EEUU mantuvo el orden en la isla y cientos de administradores Norteamericanos se dieron a la tarea de recuperar y reparar los desgastes y destrozos ocasionados por la guerra en todo el territorio Cubano. El esfuerzo fue extraordinariamente complejo y no dejó de tocar parte alguna de la sociedad, la economía, la naturaleza y los recursos físicos con que contaba la isla de Cuba y sus habitantes.

La historia de esos cuatro años no ha sido estudiada, o por lo menos no ha sido relatada con el rigor que lo fueron los períodos anteriores y posteriores a la ocupación. Muchas fueron las razones políticas que dieron lugar a esa negligencia.

Los **separatistas** o independentistas, aparentemente convencidos de que la guerra *Hispano-Cubana* de 1895 estaba prácticamente ganada, decidieron restar importancia histórica a lo que consideran una traición que les arrebató la victoria en la lucha por la independencia Cubana. Prefirieron borrar esos cuatro años de la historia de Cuba como si no hubieran pasado.

Los **anexionistas** ignoraron ese período histórico al lamentar que no hubiese sido permanente y al ver sus deseos restringidos por las prescripciones de la *Resolución Conjunta del Congreso Americano* que proscribió para siempre una anexión de la isla de Cuba a los EEUU. Al llegar el 1902, lo menos que querían recordar los anexionistas es que su fórmula política sólo había durado 4 años.

Los **autonomistas**, convencidos de que los EEUU irrumpieron indebidamente en el status de autonomía ya aprobado para Cuba, no quisieron dar la importancia que merecía a una intervención Norteamericana que de por sí sola enderezó muchos de los entuertos y desaciertos que los Españoles dejaron en Cuba como herencia.

Los **reformistas** y los **desarraigados**, por supuesto, nada tuvieron que decir sobre lo que pasó en Cuba a sus espaldas y a pesar de ellos. El reformismo había prácticamente dejado de existir antes de Baire y los desarraigados ni estaban interesados ni formaban un grupo coherente que tenía nada que ofrecer al país.

Sobre la ocupación de los EEUU en Cuba desde 1898 a 1902 solo queda decir:

La reconstrucción física de Cuba durante la ocupación Norteamericana fue extraordinaria en calidad, rapidez y efectividad. En cuatro años Cuba no parecía haber sufrido los rigores de una guerra en la que ambas partes se dieron a la tarea de demoler al país.

La disposición del presidente McKinley de enfatizar el desarrollo civil en Cuba y aumentar las destrezas administrativas, la formación de maestros y la educación pública de los Cubanos fueron decisiones prodigiosas y muy oportunas.

La transferencia a Cuba de novedosos adelantos técnicos en materia de salud, higiene, construcción, educación, vivienda, finanzas, comunicaciones y desarrollo de recursos fue de gran valor para el inicio en Cuba de un régimen republicano en 1902.

Desafortunadamente los eventos ocurridos en Cuba después de alcanzar plenamente su soberanía en 1902 y en 1933 (al abolirse la Enmienda Platt) no fueron efectivos ni provechosos para los Cubanos. Mucho menos los sucesos y artimañas que la república padeció en los primeros días de 1959. La historia dirá algún día si los Cubanos van a ver hechos realidad sus mejores sueños.

El propósito de estas páginas es recorrer brevemente, en un solo volumen, los esfuerzos auspiciados por los Estados Unidos de proveer recursos y modernidad a la Cuba que iba a nacer en 1902. Los esfuerzos y logros aquí presentados están basados en documentos, reportajes y crónicas contemporáneas que han sido ignoradas durante más de un siglo. Gracias al acceso que hoy es posible por los avances en sistemas cibernéticos de búsqueda de información los lectores pueden verificar fácilmente los hechos aquí presentados.

1

Los años decisivos de la Guerra
Hispano-Cubano-Norteamericana
y los sucesos que dieron lugar a
la intervención y ocupación
Norteamericana
de Cuba entre 1898 y 1902

EVENTOS DURANTE EL AÑO FINAL Y DECISIVO DE LA GUERRA HISPANO-CUBANO-NORTEAMERICANA

1898

24 de Enero. Los EEUU envían el acorazado *USS Maine* a La Habana.

15 de Febrero. El *USS Maine* explota en el puerto de La Habana. Los EEUU culpan a España; así comienza la Guerra Hispano-Cubano-Norteamericana.

25 de Febrero. Actuando por iniciativa propia, el Secretario de Estado Adjunto Theodore Roosevelt pone a la Marina de los EEUU en máxima alerta.

20 de Abril. El Congreso de EEUU adopta la *Enmienda Teller*, que renuncia a la intención de tomar el control de Cuba después de la guerra. Dos días después, el presidente emite una proclama llamando a 125,000 voluntarios para las Fuerzas Armadas. El número se incrementa luego a 200,000.

25 de Abril. El presidente de EEUU Aprueba una declaración de guerra emitida por el Congreso.

1 y 2 de Julio. Después de serios encuentros en San Juan y El Caney en los que prevalecen las tropas de los EEUU, Santiago de Cuba es asediado por las fuerzas Norteamericanas.

3 de Julio. La Armada de los Estados Unidos destruye decisivamente la flota Española comandada por el Almirante Cervera, sellando la victoria Norteamericana en la guerra Hispano-Cubana-Norteamericana.

16 de Julio. En Santiago de Cuba, España y los EEUU firman un acuerdo de paz.

12 de Agosto. En Washington, España y los EEUU firman un armisticio bilateral.

10 de Diciembre. En la última sesión de la Conferencia de Paz, España y los EEUU firman el *Tratado de París*. La bandera de EEUU se levantará temporalmente sobre el territorio Cubano.

30 de Diciembre. A instancias de Don Tomás Estrada-Palma, el *Partido Revolucionario Cubano*, fundado por José Martí, se disuelve. Al día siguiente deja de publicarse el periódico *Patria*, fundado también en Nueva York por José Martí.

El *Acorazado Maine* entrando en el puerto de La Habana el 25 de Enero de 1898.

¿Qué hacía el Maine en La Habana en 1898?

En los primeros días de 1898, una turba de seguidores del destituido Valeriano Weyler habían provocado disturbios en La Habana al asaltar varios periódicos que apoyaban la autonomía para la isla. A pesar de las medidas que tomó el Capitán General de la Isla, Ramón Blanco para restablecer el orden y castigar los culpables, el Cónsul General de los EEUU, General Fitzhugh Lee encontró la situación peligrosa y pidió a Washington el envío de un buque de guerra para proteger a los Estadounidenses establecidos en Cuba. El Secretario de la Marina de Estados Unidos, John Davis Long, por órdenes del Presidente McKinley, envió a La Habana el *Acorazado Maine*, un buque de guerra que, a pesar de haber sido puesto en servicio en Brooklyn en 1889, era ya un barco militar obsoleto, carente de las nuevas tecnologías e incapaz de utilizar las modernas tácticas navales de su época. Partiendo de Cayo Hueso, el Maine arribó en La Habana, sin haber sido formalmente invitado, el 25 de Enero de 1898. Su eslora máxima era de 98.9 m, con una manga de 17.4 m y un calado de 6.9 m, con un desplazamiento de 6,800 toneladas. Su tripulación constaba de 355 personas: 26 oficiales, 290 marinos, y 39 infantes de marina. Durante tres semanas el Maine permaneció anclado frente a la Aduana, la Oficina principal de Correos y la Comandancia Naval de la Marina Española.

Los restos del *Acorazado Maine* en el puerto de La Habana, reflotados en 1911.

¿Cuál fue el destino final del Acorazado Maine?

A las nueve y cuarenta de la noche del 15 de Febrero de 1898, una violenta explosión destruyó el acorazado norteamericano *USS Maine*, causando la muerte a 264 marineros y 2 oficiales.

Aunque su visita fue inesperada, el Maine había sido recibido con las salvas de rigor y saludado por los cañones del Castillo del Morro. El contralmirante Vicente Manterola, la mayor autoridad naval Española en Cuba, lo esperó en los muelles del puerto para darle oficialmente la bienvenida. Bajo ese barniz de cortesías, Españoles y Americanos en la Habana se miraron con recelo desde el primer momento. La historia ha marcado el incidente del Maine como el comienzo de la segunda etapa de la que hoy en día se considera la Guerra Hispano-Cubano-Norteamericana.

Los restos del Maine permanecieron en el fondo de la bahía de La Habana por largos años; el asta mayor y parte de su superestructura entorpecieron la navegación hasta 1911, cuando se construyó alrededor de las ruinas un terraplén que permitió desecar el agua que rodeaba el pecio para poder estudiarlo, reflotarlo y llevarlo hasta alta mar para darle sepultura. Una vez reflotados, en una compleja operación de ingeniería, los restos de los marinos aprisionados en el buque fueron recuperados para darles cristiana sepultura, y las ruinas fueron remolcadas hasta alta mar, frente a la bahía de La Habana, dinamitadas y hundidas, con los máximos honores militares.

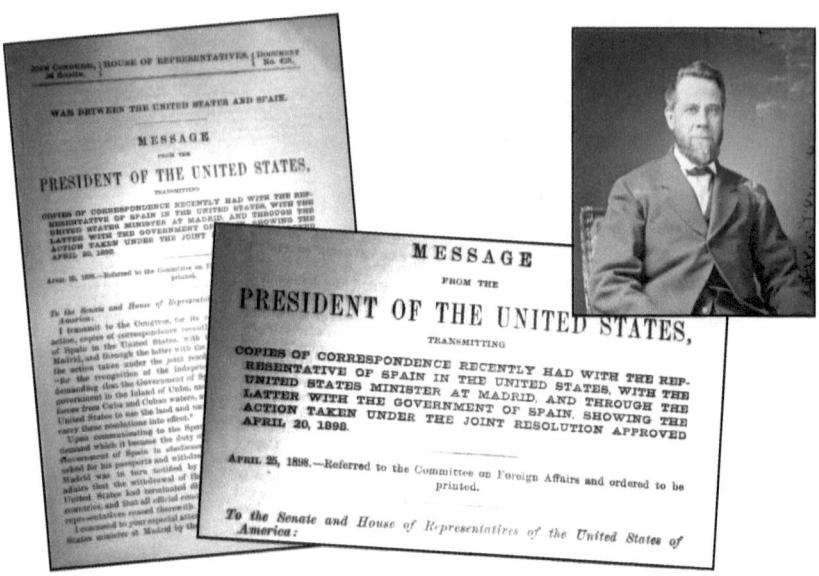

El mensaje de McKinley al Senado aceptando la *Resolución Conjunta*. A la derecha arriba una foto del *Senador Henry M. Teller* de Colorado.

La Resolución Conjunta y las Enmiendas Teller y Foraker

Desde 1895 hasta 1898, la guerra Cubana de independencia capturó la simpatía pero también la preocupación de los Estadounidenses. La simpatía se debía al interés Norteamericano de liberar al Hemisferio Occidental de las potencias coloniales Europeas (*Doctrina Monroe*) y la indignación pública Estadounidense por las brutales tácticas españolas (*Política de Reconcentración de Weyler*). La preocupación era la vulnerabilidad de las inversiones Americanas en Cuba dada la excesiva naturaleza destructiva de la guerra del 95 por ambas partes (Máximo Gómez y las fuerzas armadas Españolas).

Después de la destrucción del acorazado Maine en el puerto de La Habana era casi inevitable la intervención militar de los EEUU en Cuba. El 11 de Abril de 1898, el presidente William McKinley solicitó al Congreso autorización para poner fin a la lucha en Cuba entre los rebeldes y las fuerzas Españolas, y establecer un "*gobierno estable que mantuviera el orden y garantizara la paz, la tranquilidad y la seguridad de ciudadanos cubanos y estadounidenses en la isla.*» El 20 de Abril, el Congreso de los Estados Unidos aprobó una *Resolución Conjunta* que reconocía la independencia Cubana, exigía que el gobierno Español renunciara al control de la isla, negaba cualquier intención de Estados Unidos de anexarse a Cuba (*Enmienda Teller*) y autorizaba a McKinley a usar cualquier medida militar que considerara necesaria para garantizar la independencia de Cuba. El 3 de Marzo de 1899, se añadió a la legislación concertada en la *Resolución Conjunta* una nueva enmienda presentada por el Senador Joseph B. Foraker de Ohio, destinada a *"evitar la indebida penetración del capital Norteamericano en Cuba."*

Tropas Norteamericanas comienzan a desembarcar en Cuba por la playa *Daiquirí* en Oriente, en Junio de 1898.

Apoyados por los Mambises, los EEUU entraron en Cuba

En 1898, el General Máximo Gómez dirigía en Cuba, con bastante éxito, la fase *Hispano-Cubana* de la guerra del 95, en medio de muchos obstáculos presentados por los 160,000 hombres que tenía Madrid defendiendo la isla. En Washington, una vez aprobada la *Resolución Conjunta*, los EEUU prepararon en Tampa y Cayo Hueso las tropas de desembarco que convertirían la guerra en *Hispano-Cubano-Norteamericana*. A fines de Abril, Washington entabló conversaciones con Máximo Gómez y logró que Calixto García fuera autorizado para proporcionar mapas, inteligencia y un núcleo de oficiales rebeldes que hicieran posible que las tropas Norteamericanas pudieran desembarcar y adentrarse en Cuba.

Debido a su cercanía a La Habana, un primer intento de desembarco Norteamericano se llevó a cabo en las bahías de Matanzas y Cienfuegos; ambos fueron repelidos por la fuerte artillería Española. Al replegarse, el Almirante Norteamericano William Sampson implantó un bloqueo naval de la bahía de La Habana, así como las costas norte y sur de Cuba.

El arribo inesperado a Santiago de Cuba (19 de Mayo) de la escuadra Naval Española del Almirante Cervera, cambió por completo la estrategia; en lugar de desembarcar tropas en las provincias occidentales y establecer allí el escenario de la guerra, se decidió hacerlo en Santiago de Cuba.

Fue en Junio de 1898 que la guerra en sí comenzó; los US Marines capturaron la bahía de Guantánamo y 17,000 soldados Estadounidenses desembarcaron exitosamente el 22 de Junio en *Siboney* y *Daiquirí*, al este de Santiago de Cuba. Fueron protegidos por Calixto García, que se presentó en Oriente al mando de unos 5,000 Mambises. Toda la estrategia logística fue elaborada por el General Cubano Demetrio Castillo Duany.

El enfrentamiento Hispano-Cubano-Norteamericano

La *Guerra Hispano-Cubano-Norteamericana* fue un evento hasta entonces poco frecuente en la historia. Por primera vez la lucha independentista de una colonia relativamente próspera atraía al campo de batalla las tropas cansadas de un imperio monárquico en decadencia y los ejércitos inexpertos de una incipiente potencia mundial.

España, que contaba con menos de 20 millones de habitantes, tenía en Cuba 155,332 soldados en Abril de 1898. De esos, 36,582 (el IV Cuerpo de Ejército Español a las órdenes del General Arsenio Linares) se encontraban en la provincia Oriental, zona en la que se desarrollaba la guerra. De las fuerzas bajo Linares, 9,430 estaban en Santiago y en las áreas cercanas.

El **Ejército Mambí**, era en esencia una multitud de grupos de independentistas armados, más o menos formales y disciplinados. Estaban capitaneados en su cumbre por el General *Máximo Gómez*. El ejército Mambí consistía en 1898 de 53,804 efectivos, de los cuales 29,456 estaban destacados en la provincia de Oriente (el *I y el II Cuerpo de Ejército de Cuba en Armas*). Pese al rol fundamental que jugaron en la guerra, la historia de los Mambises en el conflicto ha sido y es ampliamente ignorada tanto en el imaginario Estadounidense que narra la victoria como en la fábula evasiva con que los Españoles relatan la derrota.

En 1898 **Estados Unidos** tenía 73 millones de habitantes y con ello casi triplicaba la población Española. En los años previos al conflicto, mantenía un ejército de 28,183 personas destacadas en las fronteras con nativos rebeldes al oeste y con México al suroeste. El ejército profesional empleaba fusiles noruegos *Krag Jorgensen* modelo 1892, ya obsoletos, de cerrojo y con cartuchos de pólvora negra frente a los de pólvora blanca o sin humo que utilizaban los *Máuser* Españoles. Al ocurrir el descalabro del *Maine* en el puerto de La Habana y la subsecuente *Resolución Conjunta* del Congreso Norteamericano, el reclutamiento de voluntarios y de reservistas logró que en Agosto de 1898 los EEUU tuvieran 274,717 soldados sobre las armas, de los cuales desembarcaron en Cuba 18,216.

En la campaña terrestre, tras serios encuentros en San Juan, El Viso y El Caney, las tropas de los EEUU prevalecieron (foto en la cima de la Loma de San Juan), haciendo posible un asedio final a Santiago de Cuba.

El ejército Americano se enfrentó al Español

Una gran pérdida que pudo haber terminado la Guerra Hispano-Cubano-Norteamericana rápidamente fue la toma de la loma de San Juan. El plan del general Estadounidense William Rufus Shafter para tomar Santiago de Cuba dependía de tomarla. Sabiendo la importancia de las alturas, el general Español Arsenio Linares, con sólo un pequeño número de hombres en reserva en Santiago, colocó cerca de 10,000 tropas para defender las alturas. A pesar de un asalto que culminó a última hora de la tarde del 2 de Julio por soldados de la 10ma división de Caballería de los EEUU, el asalto fracasó a un gran costo para los Estadounidense. Finalmente estos se reagruparon con las fuerzas de la 2da División que habían sido enviadas para tomar El Caney. Eventualmente, las acciones en San Juan Hill y El Caney fueron exitosas, pero la fuerte defensa que presentaron los Españoles resultó en una guerra que se extendería durante algunas semanas más.

Durante la lucha, un ambicioso y excitable Neoyorquino llamado Theodore Roosevelt lideró un grupo de caballería voluntaria, los *Rough Riders*, compuesto de vaqueros y jugadores de polo de la *Ivy League*. Esos hombres se mantuvieron en reserva hasta el segundo asalto a San Juan y El Caney, y no fue sino hasta entonces cuando el coronel Roosevelt en persona encabezó las cargas por las lomas, posiblemente malinterpretando órdenes para reforzarlas a medida que avanzaban las tropas regulares. Las tropas de Roosevelt sufrieron muchas derrotas en un contraataque en su flanco norte, una historia que se reprodujo mucho en los periódicos Estadounidenses, fomentando una creciente insatisfacción con la guerra. Finalmente, tierra firme perteneció a los Norteamericanos.

La portada de *Scientific American* de Junio 11, 1898, muestra la bahía de Santiago y las posiciones de las Armadas Española y Norteamericana.
A la derecha, uno de tantos grabados presentados por la prensa mundial sobre la Batalla de Santiago.

El Desastre Naval Español en Santiago de Cuba

La Batalla Naval de Santiago de Cuba, el 3 de Julio, fue el mayor enfrentamiento por mar de la Guerra Hispano-Cubano-Norteamericana y resultó en la destrucción del *Escuadrón del Caribe Español* (también conocido como la *Flota de Ultramar*). En Mayo, la flota del almirante Español Pascual Cervera y Topete fue vista por las fuerzas Estadounidenses en el puerto de Santiago, donde se habían refugiado el 19 de Mayo para cargar carbón y protegerse de un ataque por mar. Eso dio lugar a un enfrentamiento de dos meses entre las fuerzas navales Españolas y Estadounidenses.

Cuando el escuadrón Español de Cervera finalmente intentó abandonar el puerto el 3 de Julio, las fuerzas Estadounidenses (que habían comenzado a sitiar Santiago por mar el 27 de Mayo) destruyeron o inmovilizaron a cinco de los seis barcos. Sólo un barco Español, el nuevo crucero acorazado *Cristóbal Colón*, sobrevivió, pero su capitán arrió su bandera y hundió su barco cuando los Estadounidenses finalmente lo alcanzaron. Los 1,612 marineros Españoles que fueron capturados, incluido el almirante Cervera, fueron enviados a una isla en el astillero naval de Portsmouth, Maine, donde fueron confinados en el campamento *Long* como prisioneros de guerra desde el 11 de Julio hasta mediados de Septiembre de 1898.

El General Español *Juan Toral* rindió la ciudad de Santiago de Cuba al General Norteamericano *William Shafter* el 16 de Julio de 1898

La Capitulación de Santiago de Cuba

El 3 de Julio de 1898, el mismo día de la batalla naval, las tropas Estadounidenses y los Mambises comenzaron el asedio final de Santiago. Una división Estadounidense atacó desde el norte; los Mambises, bajo el mando de Calixto García, formaron una línea ofensiva desde las posiciones Americanas hasta la bahía. El General Arsenio Linares, herido en San Juan Hill, fue reemplazado por el general Español José Toral. La fuerza de Toral defendiendo Santiago consistía de un total de 13,500 hombres.

Los EEUU sitiaron a la ciudad en forma impenetrable. La artillería de EEUU comenzó a golpear a Santiago desde las alturas, mientras los Mambises impidieron hacer llegar los suministros de agua y alimentos a la ciudad. El 4 de Julio, un alto el fuego permitió la evacuación de 5,000 familias Santiagueras. Durante esa pausa, los EEUU y los Mambises movieron cuatro *Gatlings* calibre .30, un cañón dinamitero y 16 cañones adicionales a las lomas en apoyo al asedio. En los siguientes 13 días, los *Gatlings* dispararon de 6,000 a 7,000 proyectiles hacia la ciudad de Santiago. El 8 de Julio, finalmente, Toral propuso entregar a Santiago si sus tropas eran evacuadas a Holguín, una oferta rechazada por Washington.

Las fuerzas de ataque comenzaron a preocuparse por una solución rápida cuando apareció entre ellos la *fiebre amarilla*. La victoriosa Marina de los EEUU, comenzó a bombardear la ciudad desde el agua sin gran efecto militar. El 11 de Julio, varios regimientos adicionales de los EEUU reforzaron las fuerzas de ataque trayendo 8 cañones de campaña y 8 morteros ligeros. Para persuadir a Toral a entregar la plaza, los EEUU prometieron repatriar a España todos los defensores en lugar de hacerlos prisioneros. El 16 de Julio, Toral entregó la ciudad (usando el término "*capitulación*" y no "*rendición*" para salvar el honor de España). Como parte del acuerdo, España cedió las ciudades de Guantánamo y San Luis a los EEUU. Las tropas Españolas abandonaron Santiago el 17 de Julio.

Cientos de tropas Españolas comenzaron a abandonar la isla de Cuba. La foto muestra uno de los muelles de embarque en la bahía de Matanzas.

La triste y desesperada evacuación Española de Cuba

El retorno de las soldados y marinos Españoles a España fue el episodio más triste de la *Guerra Hispano-Cubano-Norteamericana*. Los EEUU señalaron el 31 de Diciembre de 1898 como fecha límite para que los soldados Españoles abandonaran la isla. En una subasta, la *Compañía Transatlántica Española* fue seleccionada para hacer todos los traslados. Los puertos de La Habana, Matanzas, Cienfuegos, Caibarién, Manzanillo, Nuevitas y Santiago de Cuba fueron seleccionados para concentrar las tropas Españolas.

En esos puertos se comprobó que los hombres de más baja extracción social fueron los que España había enviado a la guerra. El servicio militar vigente en España era basado en el reemplazo anual del ejército reclutando un cierto número de alistados (uno de cada cinco en una lista de ciudadanos). Un sorteo decidía quienes serían los llamados al servicio militar, lo que vulgarmente se conocía como las «*quintas*». Cualquier alistado llamado a filas por sorteo podía evadir la incorporación mediante el pago de 2,000 pesetas a otra persona que lo substituyera *[alrededor de US$11,500 en moneda del 2018]*. Según Blasco Ibáñez, *"los ricos por mucho que hablen de patriotismo y honor nacional, se han preocupado muy mucho de eximir a sus hijos del servicio militar por un puñado de pesetas."*

Los soldados y marinos fueron recibidos en los puertos de Vigo, la Coruña, Alicante, Santander y Cádiz. El *Heraldo de Madrid* reportó, *"No pocos regresan inutilizados por completo: sus lesiones los han dejado sin medios de acción para ningún oficio. Muchos vuelven consumidos por las fiebres, destruidos por el vómito, víctimas de la anemia, extenuados y demacradísimos. La piel pegada a los huesos, los ojos hundidos en las órbitas, sin fuerza para andar, perdido el apetito, en la mayor miseria fisiológica... causa lástima infinita verlos."*

Muchas madres no comprendían cómo sus hijos habían ido a morir a una isla tan lejana, mientras que los que tenían las 2,000 pesetas para evadir el servicio militar se libraban de aquella sangría. En la travesía Atlántica muchos perecían y eran arrojados al mar. Un relato publicado en el ABC comentaba...

> «*el capitán de la Transatlántica dejó 50 de los enfermos en una isla Inglesa y arrojó al mar 64 cadáveres de soldados...*»

La prensa Española se refirió a los barcos que traían soldados repatriados de Cuba como "*los barcos de la muerte.*" Uno de los primeros llegados a La Coruña fue el vapor *Alicante*, con 2,056 soldados de tropa, 157 jefes y oficiales y 414 militares enfermos que tuvieron que ser remitidos a la *Isla-Lazareto de San Simón* en las afueras del puerto.

La Ilustración Americana y Española relató la desoladora llegada de las tropas en estas palabras...

> «*si triste es el espectáculo de los que vuelven enfermos, es aún más desgarrador el de los infelices que han venido a bordo luchando con la muerte, con el anhelo de llegar a la patria y, ya en sus aguas, han muerto sin el consuelo de pisar tierra... muchos son meros espectros más que personas vivientes. Sus cuerpos flácidos y escuetos cubierto con andrajos, dándoles un aspecto a la vez repugnante hasta el horror y tristísimo hasta hacer derramar lágrimas... marcados de por vida, mutilados o enfermos y, como acto final, incluso mendicantes a un Estado que tardó en liquidar lo que les debía durante la contienda en la isla... Han sido víctimas del rodillo del olvido de un país que, después de enviar a miles de hombres a la lucha entre vítores de patriotismo, ahora apostó por la lobotomía colectiva.*»

Dos escenas desgarradoras frecuentes en los puertos Españoles que recibieron las tropas que volvían de Cuba: hacinamiento en las gabarras que los acercaban a tierra firme. Casi un 15% de los repatriados o morían en los barcos de la *Trasatlántica* o fallecían durante el traslado a los muelles.

Jules-Martin Cambon, el Embajador Francés ante los EEUU, contribuyó al texto final del Tratado de Paz; la foro lo muestra firmándolo en Paris en 1898.

España y los EEUU firmaron el Tratado de Paz en Paris

La humillante derrota de la *Batalla Naval en Santiago* determinó la derrota de España. Sin flota, los soldados de tierra a todo lo largo de Cuba quedaron privados de apoyo y suministros. La ciudad acabó rindiéndose el 16 de Julio. El 12 de Agosto se llegó a un armisticio bilateral que se consolidó con un *Tratado de Paz* definitivo firmado en París el 10 de Diciembre de 1898. Mediante dicho tratado, España reconoció la independencia de Cuba y cedió las posesiones de Puerto Rico, Filipinas, y la isla de Guam a Estados Unidos y recibió una compensación de US$ 20 millones (equivalente a unos US$ 575 millones en 2018).

Las negociaciones se llevaron a cabo en el Ministerio de Asuntos Exteriores en París. Una gran dificultad en las negociaciones fue la deuda nacional Cubana (más de US$ 400 millones). Inicialmente España se negó a aceptarla, pero al final la deuda fue asumida por Madrid.

Al concluir las negociaciones, las Cortes Españolas rechazaron el tratado; la Reina Regente, sin embargo, procedió a firmarlo, pese a estar inhabilitada para ello claramente por el artículo 55 de la Constitución Española de la época, que era la de 1876.

En Estados Unidos el tratado también encontró una fuerte oposición, ya que según se discutió en el Senado, "*el tratado no hacía otra cosa que oficializar la sustitución de un imperio por otro y violar los principios más básicos de la Constitución de los Estados Unidos, ya que ni el Congreso ni el Presidente tenían el derecho de aprobar leyes que rigen a pueblos colonizados, si los ciudadanos de esos pueblos no estaban adecuadamente representados y participaban en la redacción de esas leyes.*" Sin embargo, el polémico tratado fue finalmente aprobado por el Senado el 6 de Febrero 1899 por 57 a 27 votos, tan sólo un voto más de la mayoría de dos tercios necesaria.

Caricaturas sobre la guerra *Hispano-Cubano-Norteamericana* en la prensa mundial. Por partes iguales criticando a los EEUU y a España.

Una pregunta final: ¿Por Qué una Guerra con España?

La pregunta realmente interesante no es ¿Por Qué los Estados Unidos decidieron ir a la guerra con España,? sino al revés, ¿Por Qué España accedió a entrar en guerra con los Estados Unidos? Fue absolutamente comprobado que el *USS Maine* no había sido volado en el puerto de La Habana por una mina naval Española, sino que estalló por sí solo. A pesar de todo, los principales actores del gobierno de EEUU, la élite política y el periodismo amarillo, estaban maniobrando al país hacia las hostilidades con España antes de que *Maine* se fuera al fondo de la bahía. Varios poderosos líderes Americanos -sobre todo Theodore Roosevelt, Henry Cabot Lodge y William Randolph Hearst- estaban ansiosos por ir a una guerra, si fuese necesario, para lograr hacer de los EEUU un Imperio grande y reconocido. España era el enemigo ideal en virtud de su debilidad.

La motivación de los EEUU no era en realidad lo que muchos analistas de la época creían e hicieron creer a todos; popularizaron la noción de que las decisiones Estadounidenses estaban impulsadas por pasiones ocultas: fiebre nacionalista, lujuria Imperial, impulso compulsivo de liberar a los pueblos oprimidos, ambición política, conducta de rebaño, entusiasmo personal por la aventura o tal vez, simplemente, la gloria.

Si bien hubo factores tanto reales como ficticios que justificaban la guerra, hubo en definitiva dos razones principales. **Primero:** muchas figuras políticas importantes de EEUU se convirtieron en promotores de una guerra cuando especulaban que los Estados Unidos podían y debían convertirse en una potencia mundial. Ya se había consolidado el control de costa a costa con la Guerra Civil, habían terminado el asentamiento de la costa oeste, la adición de nuevos Estados y la construcción de un ferrocarril transcontinental. Se negaron a aceptar que el límite de la frontera física Estadounidense daba punto final a la expansión de Estados Unidos. Es más, los objetivos eran hacer de los Estados Unidos un súper poder marítimo, lo cual era esencial para convertir al país en una potencia mundial.

Segundo: muchos sintieron que la guerra vigorizaría a los EEUU. Este punto de vista fue personificado y articulado principalmente por *Teddy Roosevelt*, que se había convertido en un reformador doméstico cuando fue nombrado Secretario Auxiliar de la Marina. Roosevelt, listo para convertirse en *jingoísta*, pensó que el país necesitaba más espíritu y mentalidad de gente fuerte, en otras palabras, tenía que ser más como él: un fuerte defensor del progreso social y un fiel creyente en la excepcionalidad Estadounidense. Roosevelt estaba preocupado por lo que veía como una apatía social que traería inevitablemente una crisis nacional en los EEUU. Pensaba que una guerra, preferiblemente una que pudiera ganarse fácilmente, era la mejor medicina estimulante y reconstituyente. Lo que se necesitaba, escribió Roosevelt, era *"una expedición general de bucaneros nacionales para expulsar a los Españoles de Cuba y, de ser posible, a los Ingleses de Canadá."*

Roosevelt no estaba lejos de la verdad. A fines del siglo XIX, quedaba poco del vasto imperio Hispano que se había extendido desde la Florida hasta el final de Sudamérica y el Pacífico occidental. A España le quedaban sólo unas pocas islas sin importancia en las Américas pero, como excepción, Cuba era realmente importante. Una guerra con España podía fácilmente ser considerada como un esfuerzo humanitario digno de los Estados Unidos, un país libertador de pueblos colonizados, sin ninguna aspiración de ser una potencia colonial. Esto en contraste con una España cuya gloria y pretensiones de gran autoridad habían desaparecido hacía tiempo; una vez en franca decadencia, el principal interés de España era ahora explotar, y su método principal era oprimir.

A partir de 1896, el movimiento independentista Cubano había logrado un apoyo muy fuerte. Las atrocidades Españolas y los sufrimientos Cubanos le dieron a los guerreristas Estadounidenses la oportunidad de lucirse como humanitarios. Le fue fácil vender *"una fantasía de rescate que liberaría a Cuba del cruel abrazo de la España decadente."* El ángulo moral, junto con la fiebre nacionalista y la ambición estratégica, hicieron que Roosevelt y Cabot Lodge pudieran abrumar al cauteloso presidente William McKinley con una supuesta opinión pública hambrienta de guerra. McKinley, después de todo, había sido descrito por un historiador como

> «...un hombre que nunca estaba dispuesto a enfrentarse a un problema si lo podía esquivar.»

Roosevelt, muy probablemente, indujo a varios expertos navales independientes a la idea de que el *Maine* había sido hundido por la explosión de una mina Española y no por un fuego accidental dentro de su casco. España propuso una investigación conjunta pero fue rechazada y los periódicos Americanos que comenzaron a reclamar

> «El Maine fue hundido por España ... Recuerden al Maine ... Al diablo con España ... ¡Guerra!»

El resto fue predecible. Roosevelt promulgó la guerra con España con su habitual exuberancia. McKinley envió un mensaje largo y complicado al Congreso para pedir autorización para llevar a cabo una intervención armada. Para consternación de los guerreristas, el mensaje del presidente no solicitó una Declaración de Guerra, dejando espacio para la negociación. Roosevelt presionó a Lodge para que pidiera el reconocimiento Estadounidense de la independencia Cubana. El Senado y la Cámara luego aprobaron la *Resolución Conjunta*, que McKinley firmó tardíamente.

El tema de qué hacer con Cuba después de la liberación siguió siendo problemático. El propio Roosevelt tenía sus reservas sobre conceder a Cuba su independencia; por otra parte convertirla en colonia significaría que Estados Unidos no era mejor que España, y al mismo tiempo corría el riesgo de otra insurgencia en la isla. Nadie estaba seguro de cuán sangrienta y costosa sería la guerra, pero había pocas dudas o debate sobre el resultado final.

Cuando los historiadores estudian la disposición de los EEUU de ir a la guerra, coinciden unánimemente que la decisión Americana de combatir a España se hizo emocional y caóticamente, no mediante un análisis disciplinado y una deliberación mesurada. McKinley no tomó la decisión; simplemente la aceptó. El riesgo de fracaso para los EEUU era pequeño. España probablemente habría estado dispuesta a negociar todos y cada uno de los restos de su imperio para evitar una guerra que ciertamente perderían. Pero al final, algunas cosas resultaron ser ciertas:

Estados Unidos se convertiría instantáneamente en una potencia mundial. Habiendo declarado durante mucho tiempo que las potencias extranjeras no eran bienvenidas en el Hemisferio Occidental *(Doctrina Monroe)*, la guerra contra España enseñaría a Gran Bretaña y Francia a no jugar o desafiar esa política. Estados Unidos se arriesgó a ser considerado seriamente no como un agresor, sino como un libertador. La victoria era más o menos cierta; el único inconveniente potencial fueron las bajas y los costos Estadounidenses; una guerra predeciblemente corta, sin embargo, no iba a producir ni muchos gastos ni muchas muertes.

2

Un breve resumen de los eventos y sucesos políticos que ocurrieron en Cuba ya estando en marcha la intervención y ocupación Norteamericana, desde 1898 hasta 1902

Generales Cubanos y Norteamericanos planeando estrategias de guerra en *Aserradero*, Santiago de Cuba.
Se izquierda a derecha: *Generales Demetrio Castillo Duany y William Shafter*, sentados. *Joseph Wheeler*, de pie. *Jacob Ford Kent, Nelson Miles y Calixto García*, sentados.

1899

- Después de tres años de guerra, Cuba estaba devastada a un nivel que ni España ni Estados Unidos podrían imaginar.
- Tras la rendición Española, los EEUU crearon un Departamento de Cuba y dividieron la isla en siete departamentos militares, que corresponden a las antiguas jurisdicciones Españolas. A mediados de 1899, fueron consolidados en cuatro: 1-la **Ciudad de La Habana; 2-**las **Provincias de La Habana y Pinar del Río**; 3-**Matanzas y Santa Clara; 4- Santiago y Puerto Príncipe**, cada uno encabezado por un General Estadounidense.
- Cuando los Españoles rindieron formalmente a La Habana en el Año Nuevo de 1899, entregaron la ciudad a un General Estadounidense, **John R. Brooke**, que estuvo a la cabeza de los asuntos Cubanos durante casi todo 1899, hasta que el General Leonard Wood lo reemplazó en Diciembre de 1899.
- El presidente de los Estados Unidos instruyó a Wood que **preparara al pueblo de Cuba para el autogobierno**, creando las condiciones que posibilitarían la fundación de una república, estableciéndolas de manera tan sólida que garantizara un mantenimiento ordenado y exitoso del gobierno Cubano.
- Unos 50,000 Cubanos pobres e indigentes necesitaban desesperadamente tierra y empleo, pero no existían estructuras institucionales que pudieran satisfacer estas necesidades. Al mismo tiempo, cientos de Cubanos, en su mayoría profesionales y personas educadas que habían pasado años en el exilio en los Estados Unidos y otros países, regresaron a Cuba con grandes expectativas de que sus habilidades y su dominio del Inglés les abrirían las puertas a las estructuras Norteamericanas.
- El gobierno militar de los EEUU recibió instrucciones de procurar que **una gran mayoría de los funcionarios del gobierno de ocupación (97%) fueran Cubanos**. Una de las tareas importantes fue la reconstrucción de la maquinaria gubernamental. El gobernador militar, apoyado por sus secretarios Cubanos, era la autoridad suprema, y bajo él estaban otros generales Estadounidenses a la cabeza de los asuntos en las provincias.
- Fue particularmente necesario establecer gobiernos en los municipios, capacitando muchas personas para manejar sus propios asuntos. A la espera de las elecciones, que se celebrarían más tarde, varios funcionarios Cubanos fueron nombrados para dirigir operaciones con más poder discrecional del que tenían sus predecesores bajo el sistema centralizado de España.

- Los intereses empresariales de los Estados Unidos, decepcionados por el hecho de que su gobierno no anexó a Cuba por completo y determinados a hacer prevalecer sus intereses económicos y su control en la isla, comenzaron a explorar la compra de propiedades a precios mínimos en Cuba.
- Para evitar irregularidades a expensas de los Cubanos, el Congreso aprobó la **Enmienda Foraker** en Marzo de 1899. Esta enmienda **prohibió otorgar franquicias o concesiones de ninguna naturaleza a ciudadanos y empresas Estadounidenses durante la ocupación de Cuba por parte de los Estados Unidos.**
- La Asamblea de Delegados del Ejército de Cuba se reunió por última vez el 4 de Abril de 1899 y fue disuelta.
- La decisión a fines de 1899 de proceder con los preparativos para el autogobierno en Cuba presentó a los políticos Estadounidenses un nuevo conjunto de problemas. En definitiva, los Cubanos favorecidos por los Estados Unidos para llevar a la isla a la independencia y gobernar la nueva república estaban ahora sujetos a los caprichos de la política electoral y se vieron obligados a competir por cargos públicos contra opositores políticos, así como a solicitar el apoyo de un electorado incierto y tal vez no simpatizante.

1900

- En Febrero de 1900, Wood decidió celebrar en Junio de ese año elecciones municipales en toda Cuba para Alcaldes, miembros de los Ayuntamientos, Tesoreros municipales, Jueces municipales y Jueces de tribunales correccionales.
- Antes de la promulgación de su ley electoral, Wood convocó una reunión informal de notables. La mayoría favoreció una ley radicalmente democrática en lo que respecta a la concesión del sufragio, pero el gobernador adoptó las opiniones de la minoría, que concordaban con las suyas. Se decidió que todos los hombres (no así las mujeres) nacidos en Cuba que tuvieran veintiún años o más de edad podrían votar, siempre y cuando supieran leer y escribir, o si tenían bienes por un valor de $ 250, o si habían servido en el ejército Cubano durante la guerra. La nueva ley estableció una boleta secreta y otras características familiares en los EEUU. **Esas restricciones al sufragio redujeron el electorado Cubano a 105,000 hombres**, aproximadamente el 5 % de la población total.
- Cuando se celebraron elecciones municipales en Cuba el 16 de Junio de 1900, **el 68% de los calificados votaron.** Para

gran decepción de las autoridades de los EEUU, los candidatos nacionalistas (muchos de ellos ex-combatientes por la independencia) ganaron casi en todas partes.

- El resultado de las elecciones de 1900 sirvió para subrayar los peligros de la independencia en la mente de algunos Norteamericanos. La administración de los EEUU **estaba preparada, e incluso ansiosa, para poner fin a la ocupación** pero no sin antes asegurar las garantías necesarias para los residentes Norteamericanos o aquellos que tenían o hacían negocio con Cuba.

- Dos de los tres partidos eran antiguos partidarios de la independencia, y solo diferían en liderazgo y localidad. Uno, el **Partido Nacionalista** (seguidores de Máximo Gómez y con sede en La Habana), favoreció una república centralizada. El **Partido Republicano** (ex miembros de la disuelta *Asamblea Cubana*, basado principalmente en Santa Clara), salió en defensa de los derechos de las provincias. El tercero, el **Partido Unión Democrática** (con sede en La Habana), era una prueba de que no toda la sociedad Cubana era partidaria de una independencia inmediata. La mayoría de los miembros de **Unión Democrática** eran antiguos Autonomistas. Los Nacionalistas ganaron La Habana mientras los Republicanos ganaron en Santa Clara y Matanzas.

- Después de las *Elecciones Generales*, los EEUU organizaron elecciones para una **Asamblea Constituyente**. El 15 de Septiembre de 1900 fueron elegidos 31 delegados y sus suplentes; la Asamblea comenzó sus trabajos en el *Teatro Martí* el 5 de Noviembre de 1900.

1901

- Según previsto, a principios de 1901, los Estados Unidos anunciaron planes para proceder con nuevas elecciones municipales en Junio.

- Tres nuevos partidos se forman después de la *Asamblea Constituyente*: el **Partido Popular Obrero**, claramente socialista, un nuevo **Partido Nacionalista** y el **Partido Unión Patriótica**, de orientación conservadora.

- El 21 de Febrero de 1901, los Asambleístas terminaron la Constitución y fue firmada por los delegados. No fue recibida con gran entusiasmo, ya que muchos consideraron que los EEUU no la aceptarían.

- La nueva Constitución otorgaba la ciudadanía Cubana a los residentes en Cuba nacidos en África, y corroboraba el sufragio universal masculino.

- El 25 de Febrero el Congreso de los Estados Unidos aprobó una enmienda redactada por el Senador Orville Platt y aprobada y firmada por el Presidente William McKinley. En sus características esenciales, la **Enmienda Platt** resultó ser un sustituto adecuado aunque imperfecto de la anexión.

- El 28 de mayo de 1901, la *Convención Constituyente* aceptó la **Enmienda Platt** por un voto de 15 a 14, pero agregó una interpretación *sui generis* al documento. Las autoridades en Washington respondieron con una declaración de que la aceptación tenía que ser sin cambios, añadiduras o comentarios, tal y como había sido en principio aprobada por el Congreso de los EEUU.

- Los resultados de las elecciones de Junio de 1901 **desilusionaron a las autoridades Estadounidenses** que aun tenían esperanzas de que las *mejores clases* pudieran competir con éxito contra el elemento revolucionario en la política nacional.

- El día 1ro de Junio de 1901 hubo nuevas elecciones municipales. En ellas fueron electos Alcaldes, Concejales y Tesoreros de Ayuntamientos por el plazo de un año. El total electoral de la Isla ascendió a 185,411 electores. Los partidos contendientes fueron el **Republicano Federal**, el **Nacional Cubano** y la **Unión Democrática.**

- Contendieron también en las elecciones municipales de 1901 un *"grupo heterogéneo de independientes políticamente no afiliados"* que incluía ciertos libertadores de alto rango. Ese grupo publicó un manifiesto el 2 de Junio de 1901, nominando a **Bartolomé Masó** para la presidencia de la República. Los miembros del grupo tenían muy poco en común excepto su lealtad personal a Masó y su oposición a la Enmienda Platt.

- El 12 de Junio de 1901, con un voto de 16 a 11, con cuatro miembros ausentes, la *Convención Constituyente* adoptó la **Enmienda Platt** sin coletillas ni comentarios. La Enmienda Platt limitaba la autoridad de crear tratados por los legisladores Cubanos, estableció límites a la deuda nacional y permitía la intervención de Norteamérica en casos extremos. Ahora sólo quedaba por elegir un gobierno Cubano que se hiciera cargo del control de los asuntos de la isla. El general Wood emitió una orden para la celebración de una elección presidencial el 31 de Diciembre de 1901.

- A fines de Junio de 1901, Máximo Gómez reiteró que no se postularía para la presidencia, pero que apoyaría la elección de Estrada Palma.

- Wood arreció su esfuerzo por **evitar la elección de Bartolomé Masó**, al que consideraba un hombre de ideas excesivamente radicales. Masó acusó a los EEUU de querer controlar la votación, se negó a participar más en la campaña y retiró formalmente su candidatura el 21 de Diciembre de 1901, una semana antes de las elecciones programadas.

- El 31 de Diciembre se llevó a cabo la elección general. Inicialmente había tres candidatos: **Máximo Gómez**, que tenía prestigio popular como resultado de la guerra contra España; **Bartolomé Masó**, segundo en prestigio cuya popularidad se había desarrollado más aun a raíz de su posición contra la política intervencionista de los Estados Unidos y la Enmienda Platt; y **Tomás Estrada Palma**, ex presidente de la República de Cuba en Armas. Palma no había vivido en Cuba durante años y no estuvo presente físicamente en la isla durante las elecciones. Todos pensaban que ganaría el general Bartolomé Masó.

- Estrada Palma **venció por amplio margen** al recibir 158,970 votos de los 213,116 votantes, eso es, el 64% de los 335,699 electores inscriptos. Se eligió también el total del Senado, 24 puestos y de la Cámara, 63 escaños. Además los cargos provinciales, un total de 89 funcionarios entre las 6 provincias, incluyendo 6 gobernadores.

1902

- Los *Compromisarios Presidenciales* [1] se reunieron el 24 de Febrero de 1902, a los efectos de elegir Presidente y Vicepresidente de la República por el período de 4 años.

- El primer **Congreso de la República** fue convocado el 5 de Mayo de 1902 para dar su aprobación oficial a los candidatos que habían sido declarados electos.

- El 15 de Mayo de 1902 el Congreso Cubano hizo la proclamación presidencial de Estrada Palma.

---

[1] Siguiendo el modelo Estadounidense, la Constitución Cubana de 1901 establecía que los votantes elegían **Compromisarios Electorales**, los cuales se reunían al concluir las elecciones para elegir al Presidente. Era la versión Cubana del *Colegio Electoral* que funcionaba y funciona aun en los Estados Unidos.

- De los demás Cubanos electos el 31 de Diciembre, 12 Senadores tenían el plazo largo de 8 años; otros 12 un plazo de menor duración fijado en un cuatrienio; los primeros cesarían en 1910, y los segundos en 1906. De igual forma quedó la regulación de la Alta Cámara en cada elección presidencial. Para la Cámara de Representantes resultaron electos 63 legisladores, de los cuales 32 tendrían un período de servicio de 4 años terminando en 1906, y 31 tendrían un período de servicio corto, cesando en 1904.

- Durante la primera administración de Estrada Palma, difícilmente podría decirse que existieron partidos bien definidos que defendieran temas o plataformas especiales. Los grupos principales eran simplemente los **Moderados** y los **Liberales**. Los grupos que se hacían llamar nacionalistas generalmente actuaban con los moderados.

- Tomás Estrada Palma se hizo cargo de una empresa en marcha. **No había deudas en el fisco**; el tesoro estaba lleno, pero había otros problemas importantes. El **mercado del azúcar** de caña estaba deprimido y un gran número de trabajadores agrícolas desempleados representaba una amenaza para el orden público. Los partidos políticos se estaban formando, alineándose, separándose y realineándose con una vertiginosa regularidad. Los *nacionalistas*, con el apoyo de los opositores a la Enmienda Platt, se convirtieron en los *Liberales Nacionales*, y luego, unidos por la facción radical de los republicanos conservadores, se unieron a los liberales. Los restantes republicanos conservadores se volvieron a formar como los *moderados*. Estas etiquetas no tenían mucho sentido, y **los principales partidos cubanos estaban dominados por veteranos del Ejército de Liberación**. Desafortunadamente los mejores líderes dentro del Ejército Independentista habían fallecido durante la guerra y los que ahora se disputaban la hegemonía popular, según muchas opiniones, eran dirigentes y paladines de segunda clase.

3

Un recorrido por la Cuba que estaba en ruinas tras el desastre físico, económico y humano producido por Españoles y Cubanos durante la Guerra Hispano-Cubano-Americana

El destrozo físico de la isla de Cuba durante la guerra *Hispano-Cubano-Americana* tuvo proporciones inimaginables. La foto muestra la *Iglesia de El Caney* al concluir una de las importantes batallas durante la toma de Santiago de Cuba.

Arriba: dos de las muchas **calles sin pavimentar** en Cuba en 1898, Calle *Águila* en La Habana y Calle *Catedral* en Santiago de Cuba; *Debajo*: hacinamiento en un barracón del **Hospital** de Cienfuegos, **escuela pública** en Marianao, en los alrededores de La Habana.

Cuba tenía una infraestructura muy rudimental en 1895

Mucho antes de la *Guerra Hispano-Cubano-Norteamericana*, la economía Cubana ya se había vinculado estrechamente con la de los Estados Unidos. A medida que la guerra progresaba, la riqueza de Cuba comenzó a tambalearse en forma que nunca lo había hecho. Por un lado, la industria tabacalera fue parcialmente trasplantada al sur de América del Norte. Por otro lado, debido a una fuerte caída de los precios del azúcar desde principios de 1884, la antigua "*nobleza azucarera*" Cubana, era incapaz de mecanizar y reducir costos y comenzó a desintegrarse y perder su papel dominante en la economía y la sociedad de la isla. Los ingenios azucareros y los intereses mineros pasaron de manos Españolas y Cubanas a las de los Estados Unidos; el capital, la maquinaria y los técnicos Estadounidenses fueron los que ayudaron a salvar los ingenios azucareros para que pudieran ser competitivos con el azúcar de remolacha Europeo. A medida que aumentaba la dependencia del azúcar Cubano en el mercado de los EEUU, los productores de azúcar Cubanos estuvieron cada vez más a merced de los refinadores Estadounidenses a los que vendían su azúcar cruda. En 1894, casi el 90% de las exportaciones de Cuba se destinaron a los Estados Unidos, lo que a su vez proporcionó a

Cuba el 38% de las importaciones. Ese mismo año, España recibió sólo el 6% de las exportaciones Cubanas, y apenas pudo cubrir el 35% de las importaciones. Claramente, España había dejado de ser la metrópolis económica de Cuba.

En 1895, a pesar de que España había enviado más de 220,000 hombres al teatro de guerra Cubano, los Mambises habían podido llevar a cabo una exitosa campaña de guerra y avanzar desde el este hacia el oeste, donde se encontraba el corazón azucarero de la isla. Como solución, España trajo a un despiadado Comandante en Jefe, el *General Valeriano Weyler*, quien recuperó la iniciativa cuando Madrid decidió mejorar su control militar aun a costa de sacrificar la economía de la isla.

La crueldad de la guerra se convirtió en una de las justificaciones de Washington para entrar en el conflicto ayudando a los Cubanos. En 1898, terminada fulminantemente la Guerra, la isla estaba sumida en ruinas. Dos tercios de su capacidad productiva habían sido destruidos. De una población de 1,800,000, cerca del 20% había perecido; para aquellos que sobrevivieron el futuro era sombrío. De hecho los Cubanos no tenían capital y estaban muy endeudados; carecían de los recursos necesarios para la reconstrucción del país. Las masas golpeadas por la pobreza (que incluían una minoría negra o mulata considerable, aproximadamente 500,000 y aun más pobres), no tenían destrezas, eran en gran parte analfabetas (alrededor del 60% del total) y apáticas. El analfabetismo alcanzaba la cifra de un 70%. Solamente 19,158 personas en Cuba tenían instrucción superior, 15,328 eran varones, 3,830 eran hembras. Las condiciones higiénicas, hospitalarias y educacionales eran muy inferiores a las de España peninsular. Las calles necesitaban pavimentación. Pocas ciudades, incluyendo una buena parte de La Habana, tenían alcantarillados. Los puertos, incluyendo el de La Habana, eran focos de infección y malos olores.

La deprimida aristocracia azucarera había desaparecido. Cuba ya no podía contar con la influencia estabilizadora de una élite civil fuerte. Los comerciantes honrados, los inversionistas y los funcionarios capacitados del gobierno habían perdido su preeminencia. Entre los Cubanos no combatientes no había nadie capaz de ejercer algún tipo de liderazgo con respaldo popular. Eran pocos los Cubanos con recursos (y los Españoles, por supuesto) que compartían el amor independentista de la patria y sus símbolos. Muchos de ellos pensaban que la rebelión contra España no había sido sino una lucha racial y social por el control de la isla, y predijeron que con la retirada de los Españoles Cuba se hundiría en la anarquía y la guerra racial. La anexión a los Estados Unidos comenzó a tener sentido como un medio para preservar la civilización. En otras repúblicas Hispanoamericanas, durante la transición crítica de lo colonial a la vida independiente, había al menos una institución dotada de influencia y autoridad: la Iglesia Católica. Pero como los Obispos de la Iglesia Cubana, así como muchos sacerdotes, se identificaron totalmente con el lado Español durante la guerra, al final de la misma la Iglesia fue políticamente desacreditada como institución. En medio de una ocupación de las fuerzas Estadounidenses, Cuba se convirtió en una *tabula rasa política*.

Un grabado publicado en *La Ilustración Española y Americana* en 1898, mostrando la desolación de los campos de Cuba debido a la Guerra del 95.

Cuba quedó destrozada de un extremo a otro por la guerra

La *Guerra Hispano-Cubano-Norteamericana* había sido brutal; pareció como si todos los ejércitos estuvieron más interesados en castigar la tierra que en atacar a sus enemigos. Durante tres años y medio los combatientes asaltaron las riquezas de la tierra, sacrificaron las cosechas, destruyeron la infraestructura, acabaron con el ganado vacuno y caballar, asaltando vidas y haciendas. En las provincias occidentales el ejército invasor destruyó todas las vegas de tabaco a su paso; tanto Españoles como Cubanos incendiaron los cañaverales convirtiéndolos en un infierno de espigas quemadas de caña. En la zona oriental apenas quedaron rebaños que antes eran el orgullo económico de los Camagüeyanos. La producción de café desapareció. Las minas de Oriente se cerraron, algunas derrumbadas por los explosivos con que un bando quería castigar al otro.

Todos los recursos del país, humanos y materiales, que pudieran haber ayudado al enemigo fueron brutalmente extinguidos. Lo que los Cubanos respetaban los Españoles destruían y viceversa. Los ejércitos barrían una y otra vez las zonas en guerra, dejando atrás un paisaje desolador, totalmente inhabilitado para cualquier actividad productiva.

El precio de la independencia resultó ser descomunal. La etapa *Hispano-Cubana* convirtió a Cuba en un inmenso territorio yermo. Los que fueron afectados no podían creer lo que veían tras el paso de uno u otro ejército. Un reportero del *New York Evening Post* escribió: «*No llegué a ver una sola casa, un solo caballo, res, cerdo o gallina. Solamente unas ratas que hurgaban entre los escombros en busca de alimento.*» En un mensaje a Washington, el Cónsul Americano Fitzhugh Lee reportó: «*Cuba es ahora una enorme extensión de cenizas y de campos desérticos. Donde había 3 millones de cabezas de ganado en 1895 ahora solo quedan unas cuantas. Han desaparecido más de cien mil fincas, tres mil ranchos ganaderos, ochocientas vegas de tabaco y setecientas haciendas cafetaleras. En lugar de un valor total de US$ 150 millones de capital invertido, ahora hay más de US$ 100 millones de deudas...*»

1898 en Cuba, grupos de desempleados en el Paseo del Prado

En 1898, en Cuba, el desempleo afectaba a todos

En la nueva *Cuba bajo la bandera Norteamericana*, el problema del desempleo produjo un especial desasosiego para las masas desposeídas. La escasez de empleos que siguió a la guerra afectó por igual a los Cubanos y a los Españoles sin fortuna que no marcharon con las tropas para la península. La misma penuria afectó a los soldados Españoles que decidieron quedarse en Cuba. Si cierto es que casi todos los miembros del ejército Español aceptaron ser repatriados, no pocos habían creado familia en la isla y optaron por quedarse en Cuba.

Con los ingenios paralizados por falta de materia prima o reparaciones, la agricultura en ruinas, las obras públicas de las ciudades paralizadas y los vecinos pudientes en el extranjero (sin poder darle empleo a varios criados) y cuidando cuidadosamente sus gastos, Cubanos y Españoles se pasaban el día deambulando de un sitio a otro en parques y plazas y pidiendo a las autoridades que los ayudaran debido a su condición de indigentes. Muchos ex-soldados Españoles fueron presa fácil de especuladores sin escrúpulos que ofrecían documentos y pasajes a España a precios exorbitantes. Felipe Sagrario, *Cónsul General de España* en Cuba, por ejemplo, en carta al Ministro de Estado Español el 20 de Septiembre de 1899, le decía: «*Muchos militares, empleados civiles y viudas Españolas sufren de una miseria espantosa. Le ruego haga arreglos para repatriarles. Hágalo por caridad y patriotismo. Concédales por favor pasaje en un plazo prudencial.*»

La situación de los ex-combatientes del ejército Mambí resultó igualmente desdichada. No sólo les afectaba el desabastecimiento de alimentos y la escasez de empleo si no también se les obligó a mantenerse sobre las armas por largos meses, en campamentos alejados de las ciudades, esperando que las autoridades militares Cubanas emitieran órdenes de desmovilización, las cuales tenían la seguridad que venían acompañadas de las compensaciones acostumbradas en el ejército. Sembrando cizaña, la prensa anti-Cubana (incluyendo el *Diario de la Marina*) sugirió que «*... el gobierno interventor tiene la intención de esperar que el hambre haga cambiar la actitud de los oficiales y tropas del ejército libertador de mantenerse en campaña; con eso se facilitaría una desmovilización sin costo adicional alguno...*»

Una visión gráfica de lo que Cuba sufría y sobrellevaba en 1898

En las calles de las ciudades y en el campo, cientos de personas sucumbían aun a los estragos de la reconcentración impuesta por Weyler.

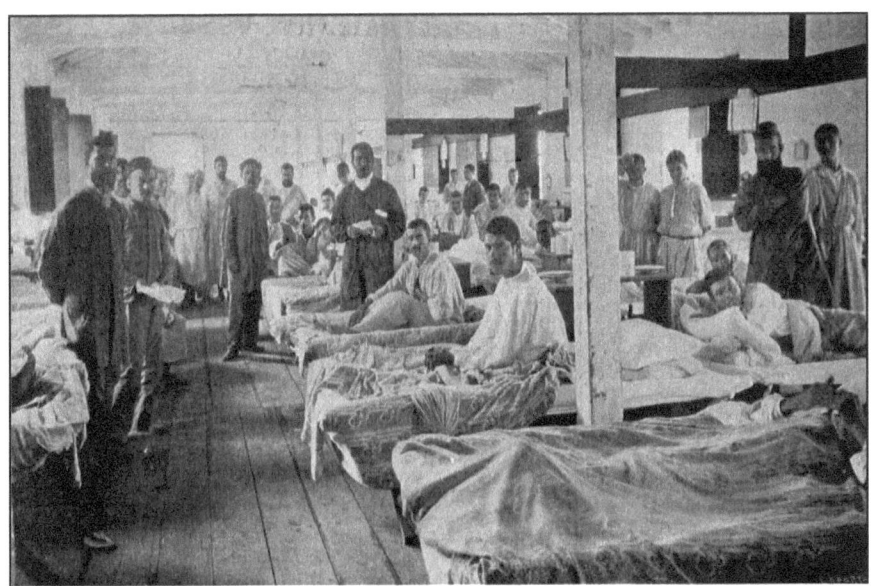

Durante los años 1895 y 1898, las muertes por *fiebre amarilla* en La Habana ascendían entre 500 y 1,000 personas al año. De las 15 mayores ciudades de la isla solo 4 tenían facilidades hospitalitarias adecuadas. En ninguna de ellas se ponían en cuarentena los contaminados con la fiebre. La foto muestra una sala de un hospital en la ciudad de Cienfuegos en 1896.

La forma habitual de tratar de controlar la *fiebre amarilla* consistía en quemar en la vía pública las ropas personales y de cama de las personas contaminadas.

Poco se había hecho en los años antes de la guerra para *sanear las ciudades* contaminadas por la presencia de animales de carga. Los vecinos eran en última instancia responsables de mantener limpias y libres de olores nefastos las calles de la ciudad.

En todas las ciudades de Cuba, particularmente en La Habana, numerosos niños y familias desahuciadas vivían en las calles, pidiendo donativos y durmiendo en camastros improvisados. El número de indigentes en los EEUU en 1895 era 12 por cada mil habitantes; en Cuba ascendía a 49.

El descuido y la falta de mantenimiento de los acueductos dio lugar en muchas ciudades del interior de Cuba a tener que abastecer de agua potable por medio de pipas de agua -generalmente poco higiénicas- que recorrían la isla con cierta frecuencia.

Poco a poco habían ido desapareciendo las fuentes de trabajo debido a las acciones militares de destrucción de la propiedad industrial que implementaron por igual los Españoles y las fuerzas Independentistas. En 1897, prácticamente no quedó un central azucarero en pie.

Las instalaciones gubernamentales a todo lo largo de Cuba no se habían escapado de la destrucción y el abandono durante los últimos años de la etapa colonial Española. La foto muestra la *Corte de Justicia en Camagüey* según la encontraron las tropas de los EEUU cuando entraron en la ciudad el 26 de Noviembre de 1898.

Casi todas las importantes carreteras y caminos de Cuba habían sido abandonados sin mantenimiento de ninguna clase desde 1895. La foto muestra el camino de *San Luis a Santiago de Cuba* en la provincia de Oriente.

Una escuela pública rural en Batabanó, provincia de La Habana en 1895. El total de las aulas en los campos de Cuba sólo ascendía a 135, de las cuales solo un 30% podían completar el curso escolar cada año.

Cientos de familias en las zonas rurales no tenían medios de transportación para hacer llegar sus hijos a una escuela. El índice de analfabetismo en los campos de Cuba era 92%, uno de los más altos del continente a pesar de ser Cuba una posesión importante de España.

De los 1,572,797 residentes en Cuba en 1895, sólo 533,498, o sea, un 34% sabía leer y escribir. En la ciudad de La Habana coexistían escuelas privadas de primera clase -en barrios elegantes como los alrededores del Prado y el relativamente nuevo suburbio de El Vedado- con escuelas públicas de escasos presupuestos como la situada en la calle Obrapía que se muestra en la foto.

En 1895 la matrícula total en las escuelas primarias públicas de Cuba ascendía a 34,116 estudiantes con un presupuesto gubernamental de menos de US$ 0.65 por estudiante. Ninguna esas escuelas ofrecía servicios médicos o de alimentación a los estudiantes. La asistencia diaria no rebasaba el 65% de la matrícula y el ausentismo docente diario era alrededor del 12%.

Una escena poco frecuente en las ciudades era ver a empleados municipales rociando desinfectantes y matando mosquitos.
En 1897, a pesar de la epidemia de *fiebre amarilla*, las pocas personas empleadas para esa labor habían desaparecido por completo.

Miles de familias campestres -frecuentemente de origen Canario- que se sustentaban con el producto de sus granjas y cosechas pasaron a ser indigentes debido a la destrucción de sus propiedades.

Una vista de la ciudad de Santa Clara. Las casas devastadas, las calles sucias y llenas de escombros, los habitantes sin trabajo y sin nada que hacer por falta de materiales y apoyo. Con bastante rapidez las ciudades del interior de Cuba iban falleciendo en vida.

Campos baldíos rodeaban los ingenios azucareros abandonados y destruidos por la guerra. Las personas con recursos no se atrevían a invertir, los necesitados no contaban con ayuda alguna para alimentarse a sí mismos en una isla que años antes de la guerra era increíblemente fértil.

Una imagen presentada por la popular revista Española *La Ilustración Española y Americana*, mostrando la quema de cañaverales y haciendas por parte de los Cubanos durante la guerra de 1895.

El terrible resultado de esa estrategia devastadora. Miles de recursos naturales echados al fuego y desatando una pobreza sistemática e inevitable.

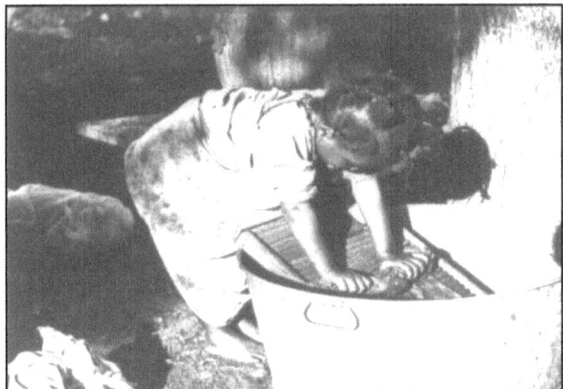

En muchos sentidos, en 1898 había desaparecido la niñez en Cuba. Cada familia, para sobrevivir, tuvo que poner a trabajar a los niños como única forma de aumentar los brazos productivos y sobrevivir la miseria.

4

La visión Norteamericana de las realidades y los logros durante la intervención y ocupación, según el crónica final que el Major General John R. Brooke reportó a Washington en Junio de 1902

Los Generales Norteamericanos **John. R. Brooke** y **Leonard Wood**, dos figuras importantes durante la ocupación de Cuba por tropas Americanas en 1898-1902. Ambos estuvieron a cargo de la reconstrucción de la isla y tuvieron una ejecutoria ejemplar tratando con respeto y sobriedad a la población y los líderes Cubanos.

> Departamento de Guerra,
> Washington, D. C, 20 de Mayo de 1902.
>
> Para el Presidente:
> Tengo el honor de presentar el siguiente informe de las operaciones de este Departamento durante los últimos cuatro años. Este informe incluye todos los informes civiles del General de División John R. Brooke como gobernador militar de la isla de Cuba, a los que se anexan los informes de los secretarios de estado y gobierno, de finanzas, de justicia e instrucción pública, de agricultura, comercio, industrias y obras públicas de esa isla, y los informes civiles del Brig. General James H. Wilson, al mando del Departamento de Matanzas y Santa Clara; el General Fitzhugh Lee, al mando del Departamento de La Habana y Pinar del Río; el General William Ludlow, al mando del Departamento de La Habana; el General Leonard Wood, al mando del Departamento de Santiago y Puerto Príncipe,; el Comandante Tasker H. Bliss, recaudador de aduanas; el Comandante E. F. Ladd, tesorero de la isla y E. G. Rathbone, esq., Director General de Correos en la isla de Cuba.
> ELIHU ROOT,
> Secretario de Guerra

1899 - OPERACIONES EN CUBA.

El 13 de Diciembre de 1898, se creó la *División de Cuba*, integrada por departamentos y provincias de la isla de Cuba, con sede en la ciudad de La Habana. La división se puso bajo el mando del General de división **John R. Brooke**, quien, además del comando de las tropas de la división, se le ordenó ejercer la autoridad como gobernador militar de la isla. El 1º de Enero de 1899, de conformidad con las disposiciones del protocolo y las disposiciones adoptadas por la Comisión de Evacuación, se renunció formalmente la soberanía Española y el gobierno de la isla se transfirió al Gobernador Militar como representante del Presidente de los Estados Unidos. El 6 de Febrero de 1899, se completó la evacuación de tropas Españolas en Cuba con el embarque de los últimos militares del ejército Español desde el puerto de Cienfuegos.

Las fuerzas de los Estados Unidos estacionadas en Cuba en el momento de la transferencia del control consistían en 1,004 oficiales y 22,827 hombres alistados.

El ejército que se retiraba dejó una gran población Española, y la larga guerra de independencia había engendrado un sentimiento negativo entre ellos y los Cubanos. Cuba llevaba mucho tiempo sin el control gubernamental Español, salvo el que podía ejercer en las inmediaciones de las tropas que estaban a punto de partir. Las restricciones sociales ordinarias habían sido destruidas, las ciudades estaban atestadas de miles de refugiados y reconcentrados que estaban exasperados por el sufrimiento y la muerte de sus familias y amigos. Se consideró necesario tomar precauciones especiales para prevenir los disturbios y el derramamiento de sangre en el momento en que se eliminó el control Español. Es gratificante observar que la transferencia se llevó a cabo con toda armonía y sin desorden, las tropas de los Estados Unidos reemplazaron a las de España paso a paso hasta que se efectuó una sustitución completa.

El 24 de Enero, la *División de Cuba* se dividió en siete divisiones geográficas: Pinar del Río, Provincia de La Habana, La Habana, Matanzas, Santa Clara, Santiago y Puerto Príncipe. El 19 de Abril y el 1 de Julio de 1899, estos departamentos se consolidaron en cuatro, dejando a la División de Cuba dividida en el Departamento de la Provincia de La Habana y Pinar del Río, el Departamento de La Habana, el Departamento de Matanzas y Santa Clara, y el Departamento de Santiago y Puerto Príncipe.

Desde la evacuación Española no ha habido operaciones estrictamente militares, y los oficiales del ejército en Cuba han estado ocupados en gran medida en la conducción, bajo la dirección del Gobernador Militar y los Comandantes del Departamento, de una administración civil general para la cual no existía ninguna otra autoridad, y en ayudar a los gobiernos municipales existentes en el desempeño de sus funciones. Los primeros imperativos deberes del ejército, dada la condición de desorganización social existente, fueron el mantenimiento del orden, el alivio inmediato de la angustia prevaleciente entre los reconcentrados hambrientos, el saneamiento de las ciudades, que habían quedado en una condición inmunda y en la cual ninguna de las precauciones contra la enfermedad conocidas por la ciencia sanitaria moderna había sido adoptada alguna vez, y la promoción de un retorno a la industria pacífica por parte de las personas cuyas casas y granjas habían sido abandonadas por la fuerza y devastadas.

En todos esos aspectos, se ha logrado un progreso satisfactorio. El uso de tropas para mantener el orden fue necesario durante un período corto. Las fuerzas de la policía civil, organizadas por la gente de la isla, han sido constituidas y están desempeñando sus funciones de manera eficiente. El papel desempeñado por nuestras tropas en el mantenimiento del orden ahora es limitado, pero es notable la influencia restrictiva de su presencia.

Para el alivio de la hambruna, la ciudad de La Habana se dividió en distritos para la distribución de raciones y medicinas bajo la dirección de oficiales del ejército. Se establecieron inspecciones casa por casa, en cooperación con un comité de ciudadanos, un sistema regular de denuncia de todos los casos de indigencia y un servicio de vagones a los puntos periféricos. A través de estos medios, ya través de los hospitales y asilos existentes, se distribuyeron 1,644,000 raciones en la provincia de La Habana entre el 1 de Enero y el 30 de Junio de 1899. En el Departamento de Santiago se distribuyeron 1,699,366 raciones entre el 20 de Noviembre de 1898 y el 16 de Mayo de 1899. En las provincias de Matanzas y Santa Clara se distribuyeron 1,930,130 raciones entre el 1 de Enero y el

30 de Junio de 1899. La cantidad requerida para ser distribuida ha ido disminuyendo constantemente, y en la actualidad está prácticamente limitada a la distribución a hospitales y asilos.

Las emisiones totales de raciones a personas indigentes en Cuba a través de la agencia de los oficiales del Ejército han ascendido desde 1 de Enero y el 30 de Junio de 1899 a 5,493,000 raciones a un costo de $ 1,417,554.07. *[Nota del editor: son, en moneda de 2018, US $40,873,075.47 - más de 40 millones de dólares.]*

La condición de los soldados del ejército Cubano, que durante mucho tiempo habían estado separados de cualquier industria productiva y que al concluir las hostilidades se quedaron sustancialmente sin hogar u ocupación y sin recibir ningún pago de ninguna fuente, parecía exigir que, en interés tanto del orden público como humanitario, debería ofrecerse algún alivio que les permitiera disolverse y volver a un empleo pacífico. Por consiguiente, se determinó aplicar para ese fin tanto como fuera necesario de los tres millones del fondo de emergencia provisto por la ley del 5 de Enero de 1899.

Se hicieron arreglos bajo los cuales se pagó la suma de $ 75 a cada soldado Cubano que llevara consigo documentos debidamente legalizados y que trajera y depositara sus armas. *[Nota del editor: $75 dólares en 1899 son equivalentes a $ 2,162.51 dólares en 2018]*

Dos millones quinientos cuarenta y siete mil setecientos cincuenta dólares se pagaron de esta manera, y con el pago de jubilación el ejército Mambí ha dejado de existir. Se han tomado en consideración algunos reclamos de soldados que dicen han sido omitidos de la lista, y también una consideración especial para los soldados enfermos o discapacitados que no se presentaron. Ya se está considerando la cuestión de un pago adicional.

Se encontró que las condiciones sanitarias de las ciudades y pueblos de la isla eran tan malas como es posible concebir. Se realizaron inspecciones exhaustivas y sistemáticas, se organizaron cuerpos sanitarios, se limpiaron las calles, se abrieron alcantarillas, se vaciaron sumideros y tragantes, se desinfectaron edificios públicos y privados, se adoptaron métodos de eliminación de desechos, se mejoraron los suministros de agua y se establecieron reglas para prevenir la recurrencia de condiciones similares. En las ciudades más grandes, una condición sanitaria moderna requerirá el establecimiento de más medidas, la construcción de sistemas de alcantarillado adecuados y el aumento de los suministros de agua. Hasta 1901 no fueron practicables a un nivel considerable. Sin embargo, se ha logrado una gran mejora en beneficio de la limpieza y la salud, y a pesar de las condiciones particularmente amenazadoras que existían al final de la guerra, y la temporada de intenso calor en el verano, Cuba poco a poco ha llegado a ser una isla inusualmente libre de enfermedades infecciosas.

La ciudad de La Habana está siendo renovada y desinfectada casa por casa. Ya se han tratado unas 2,000 casas, y el trabajo continúa a razón de 120 a 125 casas por día. Los informes muestran que, en muchos casos, el proceso de desinfección ha logrado erradicar enfermedades, y que no ha aparecido ningún caso de fiebre, excepto a partir de una infección reciente. Las muertes totales por fiebre amarilla en La Habana durante los primeros diez meses de cada año desde 1889 han sido las siguientes: en 1890, 314; en 1895, 512; en 1897, 991; y en 1899, solamente 63.

Las muertes en La Habana por todas las causas durante los primeros meses después de nuestra ocupación fueron numerosas, debido a la gran cantidad de enfermos y moribundos que estaban allí en el momento de la evacuación Española. La tasa se ha reducido constantemente hasta que en Septiembre de 1899 se redujo a la tasa anual de 27 por mil y en Octubre a 26,6 por mil.

Condiciones similares existentes en Santiago fueron tratadas de manera similar y con gran minuciosidad y eficacia, y un brote de fiebre amarilla en ese punto fue rápidamente controlado y superado.

Durante los seis meses que finalizaron el 30 de Junio de 1899, hemos invertido $ 1,712,014.20 para saneamiento, $ 293,881.27 para organizaciones benéficas y hospitales, y $ 88,944.03 para ayuda a indigentes. *[Nota del editor : US$ 1,712,014.20 dólares utilizados para saneamiento en 1899 son equivalentes a US$ 49,363,397.90 dólares en 2018].*

La reactivación de la industria ha sido necesariamente lenta, pero ha logrado un progreso prometedor. Muchas de las personas que habían sido conducidas a las ciudades durante el período de reconcentración han regresado al campo y reanudado el cultivo de la tierra. El tabaco se ha plantado en gran medida y el azúcar en menor medida. En muchas partes de la isla hay una demanda adecuada de mano de obra a un ritmo que era habitual antes de la guerra. La completa restauración de la industria azucarera se ve seriamente obstaculizada por el hecho de que las plantaciones de azúcar están muy hipotecadas, su maquinaria ha sido destruida y los propietarios tienen dificultades para asegurar capital adicional para restaurar la planta, debido a la incertidumbre que sienten los capitalistas con relación al carácter del futuro gobierno de la isla y la protección que brindará a las inversiones. Los propietarios de grandes haciendas no sólo se ven afectados por esta circunstancia, sino que muchos de los Cubanos que están listos y ansiosos por reanudar el cultivo de sus granjas con sus propias manos todavía no pueden hacerlo porque no tienen los medios para comprar los animales e implementos agrícolas necesarios para tal fin.

El propósito de la administración del gobierno civil de la isla ha sido emplear al pueblo de Cuba en la mayor medida posible, y proporcionar a los Cubanos, durante nuestra ocupación, una oportunidad de entrenamiento en el desempeño honesto y eficiente de los deberes oficiales que nunca antes se les había concedido.

Tan pronto como las condiciones sociales se volvieron lo suficientemente normales como para hacerlo viable, se tomaron medidas para realizar un censo de la isla, diseñado para sentar las bases de la organización del gobierno Cubano al cual transferiremos el control que ahora tenemos provisionalmente. La orden fue emitida el 19 de Agosto de 1899 y exigía que el censo comenzara el 16 de Octubre y que se completara el 30 de Noviembre de 1899. El Coronel Joseph P. Sanger, Inspector Adjunto-General, y anteriormente Brigadier General de Voluntarios, al mando del Departamento de Matanzas, fue nombrado Director, y tiene como subdirector a un experto de la Oficina del Censo de los Estados Unidos, con su cuartel general en Cuba.

Todo el personal que trabajará en el censo será Cubano, con un ciudadano conocido de cada una de las seis provincias como el supervisor de esa provincia, y con los enumeradores nominados por él de los residentes de la provincia. El alcance de la investigación y los espacios en blanco, formularios y órdenes empleados fueron determinados por el departamento después de la conferencia entre los funcionarios de la Oficina del Censo de los Estados Unidos y los seis supervisores que llegaron a Washington para tal fin. La toma del censo se inició en el momento indicado y ahora se ha completado sustancialmente, con todo éxito.

1900 - OPERACIONES EN CUBA

Los trabajos en asuntos de Cuba durante este año han sido una continuación del proceso de ayudar al pueblo Cubano en el desarrollo de un gobierno Cubano de tal manera que cuando esté completamente organizado sea estable y eficiente. Hemos guiado a los Cubanos en los primeros pasos del autogobierno sistemático introduciendo, principalmente a través de oficiales Cubanos, reformas en las diversas ramas administrativas que servirán para poner los asuntos del gobierno en buen estado para el momento cuando una administración Cubana completa y finalmente asuma el control del gobierno en la isla.

El censo de la isla se completó con éxito. Fue tomado bajo la dirección eficiente de Brig. El general Joseph P. Sanger, U. S. V., bajo la supervisión inmediata de seis supervisores, todos ciudadanos conocidos de Cuba, seleccionados en cada provincia. Estos supervisores llegaron a Washington y estudiaron exhaustivamente los métodos de la Oficina del Censo de los Estados Unidos en preparación para sus funciones.

Después de la preparación de mapas y la división de la isla en distritos, los supervisores, cada uno para su propia provincia, seleccionaron 1,607 enumeradores Cubanos. Estos a su vez fueron reunidos en clases e instruidos en sus deberes y el significado de las órdenes y el uso de los horarios, y en el desempeño de su deber. En general todos exhibieron inteligencia y celo. Los resultados, que fueron cuidadosamente calculados y tabulados por los métodos empleados en los Estados Unidos, muestran una población total de 1,572,797, de los cuales 533,498, o el 34%, saben leer y escribir, mientras que el 66 por ciento son analfabetos. Cincuenta y siete y ocho décimos por ciento, esto es, considerablemente más de la mitad de la población entera, se compone de blancos nacidos en el país; los blancos extranjeros constituyen el 9% y los negros y mestizos el 32%.

En general, esto muestra un material para el gobierno bastante mejor de lo que se había previsto, aunque si el 66% de la población continuara siendo analfabeta, difícilmente se podría esperar la permanencia del gobierno constitucional libre. Una determinación precisa de los hechos enfatiza la necesidad urgente de educación popular. El trabajo del censo se hizo dentro de la estimación del costo, y es altamente acreditable para todos los interesados en su desempeño.

Una vez finalizado el censo y dado el plazo para que los residentes Españoles opten por quedarse en Cuba y hacerse ciudadanos o no, habiendo vencido el plazo para decidirse el 11 de abril de 1900, se tomaron inmediatamente medidas para la elección de los gobiernos municipales por parte del pueblo. Teniendo en cuenta que el 66% de la población no sabía leer ni escribir, no se consideró aconsejable que se estableciera un sufragio absolutamente no restringido y, tras una conferencia muy completa con los líderes Cubanos, incluidos todos los jefes de los grandes departamentos, se llegó a un acuerdo general sobre la base del sufragio, que estipulaba que todo Cubano nativo, o Español que hubiera elegido tomar la ciudadanía Cubana, mayor de edad, podría votar si sabía leer y escribir, o ser dueño de bienes raíces o propiedad personal por un valor de $ 250, o haber servido y haber sido licenciado honorablemente del ejército Cubano. Por lo tanto, se daba voz en el gobierno del país a todos los que tenían la inteligencia para adquirir los rudimentos del aprendizaje, o el ahorro que permitía acumular propiedades, o el patriotismo para luchar por su país.

El 18 de Abril se promulgó una ley electoral, consistente con los mejores ejemplos de nuestros estatutos electorales Estadounidenses y a las condiciones existentes de Cuba, para la orientación de la elección propuesta. El 16 de Junio se realizó una elección en toda la isla, en la cual el pueblo de Cuba en todos los municipios de toda la isla, eligió a todos sus oficiales municipales. Las juntas de registro y elección estaban compuestas por Cubanos seleccionados por los propios Cubanos. Ningún soldado u oficial de los Estados Unidos estuvo presente en los alrededores de ningún colegio electoral. No hubo ningún disturbio.

Después de que los oficiales municipales recién elegidos habían sido instalados y comenzaron el desempeño de sus funciones, se aprobó una orden de ampliar los poderes de los gobiernos municipales y poner en sus manos la mayor cantidad posible del gobierno del país. Tan pronto como los nuevos gobiernos municipales se establecieron, se emitió la siguiente convocatoria de una Convención Constitucional:

No. 301.
Sede de la División de Cuba, Habana, 25 de Julio de 1900.

El gobernador militar de Cuba autoriza la publicación de las siguientes instrucciones:

Considerando que el Congreso de los Estados Unidos por su resolución conjunta de 20 de Abril de 1898, declaró:

> *"Que la isla de Cuba es, y de derecho debe ser, libre e independiente;*
> *Que los Estados Unidos renuncian a cualquier disposición o intención de ejercer la soberanía, jurisdicción o control sobre dicha isla, excepto la pacificación de la misma, y afirma su determinación, cuando eso se logra, de dejar el gobierno y el control de la isla a su pueblo;*
> *Y mientras que el pueblo de Cuba ha establecido gobiernos municipales, derivando su autoridad de los sufragios de las personas dadas bajo leyes justas e iguales, y ahora están listos, de la misma manera, para proceder al establecimiento de un gobierno general que asumirá y ejercerá soberanía, jurisdicción y control sobre la isla.*
> *Por lo tanto:*
> *Se ordena que se celebren elecciones generales en la isla de Cuba el tercer sábado de Septiembre, en el año mil novecientos, para elegir delegados a una convención que se reúna en la ciudad de La Habana, a las doce del mediodía en el primer lunes de Noviembre, en el año mil novecientos, para enmarcar y adoptar una Constitución para el pueblo de Cuba y, como parte de ella, prever y acordar con el Gobierno de los Estados Unidos las relaciones que existen entre ese Gobierno y el Gobierno de Cuba, y para prever la elección por el pueblo de oficiales bajo tal constitución y la transferencia de gobierno a los oficiales así elegidos.*
> *La elección se llevará a cabo en los diversos distritos electorales de la isla y de conformidad con las disposiciones de la ley electoral del 18 de Abril de 1900 y sus enmiendas.*
> *Los residentes de las diversas provincias elegirán delegados en número proporcional a sus poblaciones según lo determinado por el censo, a saber:*
> *Los residentes de la provincia de Pinar del Río elegirán tres (3) delegados.*
> *Los residentes de la provincia de La Habana elegirán ocho (8) delegados.*
> *Los residentes de la provincia de Matanzas elegirán cuatro (4) delegados.*
> *Los residentes de la provincia de Santa Clara elegirán siete (7) delegados.*
> *Los residentes de la provincia de Puerto Príncipe elegirán dos (2) delegados.*
> *Los residentes de la provincia de Santiago de Cuba elegirán siete (7) delegados.*
>
> J. B. HICKEY,
> *Ayudante Adjunto-General.*

Bajo esta convocatoria, se realizó una segunda elección el 15 de Septiembre, bajo la misma ley, con ligeras modificaciones y en las mismas condiciones que las elecciones municipales. La elección estuvo totalmente a cargo de los Cubanos, y sin ninguna participación o interferencia por parte de oficiales o tropas de los Estados Unidos. Los treinta y un miembros de la *Convención Constituyente* fueron elegidos y se reunieron en la Habana a la hora acordada. Las sesiones de la Convención fueron inauguradas en la ciudad de La Habana el 5 de Noviembre por el gobernador militar, con la siguiente declaración:

> *A los Delegados de la Convención Constituyente de Cuba.*
>
> *Señores:*
> *Como gobernador militar de la isla, en representación del presidente de los Estados Unidos, llamo esta convención al orden.*
> *En primer lugar, será su deber enmarcar y adoptar una Constitución para Cuba y, cuando se haya hecho eso, formular lo que, en su opinión, deberían ser las relaciones entre Cuba y los Estados Unidos.*
> *La Constitución debe ser adecuada para asegurar un gobierno estable, ordenado y libre.*
> *Cuando haya formulado las relaciones que, en su opinión, deberían existir entre Cuba y los Estados Unidos, el Gobierno de los Estados Unidos sin duda tomará medidas de su parte que conduzcan a un acuerdo final y autoritario entre los pueblos de los dos países para la promoción de sus intereses comunes.*
> *Todos los miembros de la Constituyente Cubana seguirán sus deliberaciones con el más profundo interés, deseando fervientemente que lleguen a conclusiones justas, y que, por la dignidad, la autocontención individual y el conservadurismo sabio que caracterizarán sus procedimientos, la capacidad del pueblo cubano para el gobierno representativo pueda ser ilustrado de forma clara.*
> *La distinción fundamental entre un verdadero gobierno representativo y una dictadura es que en el primero todo representante del pueblo, en cualquier puesto, se limita estrictamente dentro de los límites de sus poderes definidos. Sin tal restricción no puede haber un gobierno constitucional libre.*
> *Según el orden en virtud del cual usted ha sido electo y convocado, no tiene ningún deber ni autoridad para participar en el actual gobierno de la isla. Sus poderes están estrictamente limitados por los términos de esa orden.*

La Convención ha completado su organización y ahora está en sesión.

El gobierno militar ha dado especial atención al desarrollo de la educación primaria. La inscripción en las escuelas públicas de Cuba inmediatamente antes de la última guerra muestra 36,306 estudiantes, pero un examen de los informes que contienen esas cifras indica que probablemente menos de la mitad de los nombres inscritos representaban la asistencia real. Prácticamente no había edificios escolares separados, pero los mejores estudiantes recibían instrucción en las residencias de los maestros. Había pocos libros, y prácticamente no había mapas, pizarrones, escritorios u otros aparatos escolares.

La instrucción consistía principalmente en aprender de memoria, siendo el catecismo el principal libro de texto y las muchachas ocupando su tiempo principalmente en bordado. A los docentes se les permitía ganarse los sueldos impagos aceptando honorarios de los alumnos, y dado que menos de la décima parte de los niños en edad escolar podían ser acomodados, el resultado del sistema de tasas era que los hijos de los pobres eran excluidos o completamente descuidados. Las pobres y deficientes facilidades de las escuelas públicas fueron, en gran medida, destrozadas y desarticuladas por la guerra. En Diciembre de 1899, la matrícula total de las escuelas públicas en la isla ascendió a 21,435. La siguiente tabla muestra el avance en los esfuerzos en favor de la escolarización durante el semestre finalizado el 30 de Junio de 1900:

Matriculas y salones de clase en las escuelas.
Enero de 1900 .... 635 salones.............37,995 estudiantes
Febrero de 1900........1,388 69,476
Marzo de 1900......... 3,126 127,881
Abril de 1900............ 3,148 131,332
Mayo de 1900........... 3,313 139,616
Junio, 1900................ 3,550 143,120

Este gran desarrollo fue realizado por el Secretario Cubano de Instrucción Pública y el Comisionado Cubano de las escuelas públicas, con la asistencia competente y experimentada del Sr. Alexis E. Frye como Superintendente. Se rige por una ley escolar modelada en gran medida según la ley de Ohio. Hoy en día las escuelas están sujetas a una inspección constante y efectiva y la asistencia es prácticamente idéntica a la inscripción.

Las escuelas están separadas de las residencias de los profesores, y cada aula tiene su profesor separado. Los cursos y métodos de instrucción son los más aprobados en este país. Los libros de texto son traducciones al Español de libros de texto Estadounidenses. Para el suministro de material, fueron, en primera instancia, asignados del tesoro insular US$ 150,000. *[Nota del editor : US$ 150,000 dólares utilizados para materiales en 1899 son equivalentes a US$ 4,325,028 dólares en 2018]*. Luego, con un solo pedido, se compraron 100,000 juegos completos de escritorios, libros de texto, suministros de eruditos, etc. este país a un costo de alrededor de US $ 750,000 dólares. *[Nota del editor : US$ 750,000 dólares utilizados para instrucción en 1899 son equivalentes a US$ 21,625, 141 dólares en 2018]*.

En toda la isla, los antiguos barracones Españoles y los ocupados inicialmente por las tropas Estadounidenses, han sido retirados y se están convirtiendo en aulas después de una profunda renovación. La presión por la educación es seria y universal. Las asignaciones de este año del tesoro insular para ese fin ascenderán a cerca de cuatro millones y medio de dólares; pero por grandioso que haya sido el desarrollo, será imposible con los recursos de la isla, por un largo tiempo por venir, satisfacer completamente la demanda del aprendizaje que tanto tiempo se ha retenido. Las instituciones provinciales y las escuelas secundarias y la Universidad de La Habana necesitan reorganización.

Durante el verano pasado, gracias a la generosidad de la Universidad de Harvard y sus amigos, quienes recaudaron un fondo de $ 70,000 para ese fin, 1,281 docentes Cubanos pudieron asistir a una escuela de verano en Cambridge, diseñada para capacitarlos para sus funciones. Fueron extraídos de cada municipio y casi cada pueblo de la isla. Fueron recogidos de los diferentes puertos de la isla por cinco buques escuela de los Estados Unidos, que los llevaron a Boston y, al expirar su visita, los llevaron a Nueva York y de allí a La Habana y sus hogares. *[Nota del editor : US$ 70,000 dólares utilizados para educación de maestros Cubanos en 1899 son equivalentes a US$ 2,018,346 dólares en 2018].*

Fueron alojados y alojados en la Universidad de Cambridge, y visitaron las bibliotecas, los museos, las instituciones educativas y los establecimientos de fabricación en el vecindario de Boston. Gracias a la energía del Sr. Frye, se recaudó dinero para permitirles visitar Nueva York y Washington. Fueron devueltos a sus hogares sin un solo accidente o pérdida, llenos de nuevas ideas y de celo por el trabajo educativo en el que habían encontrado tanta simpatía y aliento.

La cuestión de las raciones que caracterizó el primer año de ocupación Estadounidense ha sido descontinuada y ha sido sustituida por un extenso restablecimiento, renovación y reorganización de las instituciones de beneficencia de la isla. Estos se dejaron al final de la guerra sin fondos o suministros, y, con comparativamente pocas excepciones, (principalmente de las Hermanas de Órdenes Religiosas), sin asistencia. Los que no estaban cerrados estaban dilapidados, sucios e insalubres. Los hospitales prácticamente carecían de aparatos, medicinas o médicos. Los niños en los manicomios recibían poca educación, comida insuficiente y cuidado insuficiente.

El 7 de Julio de 1900 se adoptó una ley integral que rige el departamento de beneficencia, y bajo la hábil dirección del mayor Edwin St. J. Greble, el jefe del departamento, se puso en funcionamiento. Todos los edificios han sido limpiados y renovados, y reciben un apoyo regular y sistemático.

En la actualidad reciben ayudas del Gobierno en Cuba, 38 hospitales, 4 asilos para ancianos, 12 asilos de huérfanos, 2 dispensarios para pobres, 1 asilo de enfermos, 3 hospitales de leprosos, 2 escuelas de reforma, 1 escuela de formación para niños, 1 para niñas, y 1 hospital de emergencia en Santiago de Cuba. En los asilos de huérfanos se ha hecho un gran esfuerzo para asegurar la ubicación de niños en familias privadas en toda la isla, y el esfuerzo ha tenido un gran éxito.

A medida que la prosperidad ha aumentado, muchos padres que no han podido mantener a sus hijos y los han dejado en estas instituciones los han reclamado y los han llevado a sus hogares, y un gran número de otros niños han sido colocados en familias privadas para su cuidado y educación. Esto ha sido hecho con controles adecuados, asegurado por medio de una cuidadosa investigación de antemano y luego mediante una inspección personal sistemática. Para los niños que aún permanecen en esas condiciones, se ha inaugurado un completo sistema de educación industrial que les servirá para su propio sustento.

Los hospitales han recibido medicamentos, aparatos quirúrgicos y asistencia; enfermeras capacitadas traídas de los Estados Unidos se dedican a la instrucción de enfermeras capacitadas en Cuba. En el hospital civil No.1 en La Habana, hay 5 enfermeras capacitadas en los Estados Unidos, y se ha iniciado una escuela de capacitación para enfermeras con capacidad para 40 estudiantes. En el hospital civil de Matanzas hay 4 enfermeras Estadounidenses y una escuela de capacitación para enfermeras con capacidad para 30 estudiantes. En el hospital civil de Cienfuegos hay 1 enfermera Estadounidense entrenada y alrededor de 16 estudiantes; en Remedios, 1 enfermera Estadounidense entrenada y 18 estudiantes de enfermería.

Cada una de las instituciones benéficas está limitada en sus gastos (en exceso de los fondos que pueda tener a una apropiación cuidadosamente considerada de fondos insulares), cuyo gasto está sujeto a una inspección regular y sistemática. Con excepción del *Hospital Mercedes de La Habana*, no había un lugar en Cuba en el momento de la ocupación Estadounidense al que un paciente pudiera acudir para recibir tratamiento médico o quirúrgico con una perspectiva razonable de instalaciones y cuidados adecuados.

La condición de las personas trastornadas o desequilibradas fue particularmente angustiante. Estaban confinados en celdas en las cárceles de toda la isla, sucios y harapientos, y tratados literalmente como bestias salvajes. Todos estos desafortunados han sido recogidos y llevados al *Asilo de Trastornados de La Habana*, que se ha puesto en buen estado; allí se les cuida de acuerdo con los dictados de humanidad modernos.

Las cárceles de la isla estaban repletas de desdichadas criaturas que vivían en una inmundicia y una miseria indescriptibles. Una inspección temprana de la *Prisión de Mujeres de La Habana* reveló el hecho de que las reclusas no tenían otro lugar donde dormir que en el piso, y no podían aparecer en público porque no tenían ropa para cubrir su desnudez; tuvieron que presentarse ante el inspector una por una, pasando la misma prenda de una a otra.

La crueldad de estas condiciones es más impresionante por el hecho de que muchos de los desafortunados en prisión nunca habían sido juzgados ni condenados por ninguna ofensa. Como la manera más simple de lidiar con ese problema, se constituyó un *Consejo de Administración* en Enero de 1900, que visitó todas las cárceles y examinó a los reclusos. Encontraron a muchos que habían estado durante largos períodos esperando juicio. (En un caso ese período se había extendido por once años). En la medida en que los delitos que les imputaban pudieron ser comprobados, una gran parte de esas personas que habían sido castigadas con mayor severidad, ya fueran inocentes o culpables, fueron reconsideradas en nuevos juicios.

Por recomendación del *Consejo de Administración*, 520 presos, pertenecientes a la clase descrita arriba, fueron liberados del confinamiento. Las prisiones han sido saneadas y renovadas; se sigue un sistema rígido de inspección, bajo la dirección del *General Cubano Carlos García* como inspector jefe, y, en la medida de lo posible, se separa a los jóvenes de los adultos.

Las demoras intolerables del procedimiento penal, que castigaban a los inocentes por igual que los culpables y castigaban a ambos sin posibilidad de juicio, se han evitado en gran medida con el establecimiento de *Tribunales Correccionales* en toda la isla, siguiendo el modelo de un tribunal que, bajo la dirección del Capitán Pitcher ha resultado ser muy exitoso en La Habana. Los delitos insignificantes se resuelven y eliminan sumariamente, y los inocentes tienen la oportunidad de ser relevados de inmediato de un enjuiciamiento.

Como una salvaguarda adicional contra la recurrencia de los males descritos, se ha emitido una orden que dispone que el recurso de *hábeas corpus* entre en vigor en Diciembre de este año. El carácter y el uso de ese recurso todavía no parece ser completamente entendido por los Cubanos, que no están familiarizados con él, pero sin duda se convertirá en su tiempo, como lo es con los Estadounidenses, en un instrumento eficaz para la protección de la libertad.

Uno de los resultados de esos cambios de procedimiento es que muchas de las cárceles en la isla ahora están completamente sin reclusos. Se han llevado a cabo muchas de las enmiendas a la ley, mejoras en los tribunales y procedimientos y reformas de abusos específicos. Todas estas reformas se han hecho con la concurrencia y principalmente a través de los estudios y recomendaciones de los Cubanos, y de tal manera que ellos han estado aprendiendo cómo hacerlas y cómo mantener las mejores condiciones y continuar las reformas cuando el gobierno entre totalmente en sus manos.

Ha habido una gran actividad en obras públicas. Nuestros oficiales han estado renovando, reparando y reconstruyendo edificios públicos, construyendo carreteras extensas y duraderas, alcantarillado, y obras hidráulicas, e inspeccionando y limpiando edificios privados y públicos y pavimentando calles en la mayoría de las ciudades y pueblos de la isla; el trabajo de construir puentes y caminos bajo el Sr. Villalón, el Jefe del *Departamento de Obras Públicas*, ha sido extenso y eficiente.

Se han construido varios nuevos faros, se han instalado faros y se han mantenido los puertos, y en todos los trabajos de las empresas públicas ha habido una mayor actividad de parte de los Cubanos bajo la concepción Estadounidense de hacer cosas para bien del público. Ese interés había sido completamente descuidado por las autoridades Españolas durante los últimos cien años.

Los impuestos han sido completamente revisados y se ha establecido una tesorería independiente para la isla, en la que los ingresos se depositan y se mantienen separados tal como se reciben. Bajo la dirección fiel e infatigable del Coronel Tasker H. Bliss, se ha alcanzado una eficiencia en la recaudación de los derechos de aduana que es extraordinaria, en vista de las prácticas inveteradas que existían anteriormente; bajo su administración los aranceles, aunque más bajos, están generando mayores ingresos al Estado.

Los ingresos para el año fiscal que finalizó el 30 de Junio de 1900 ascendieron a $17,333,484.10, frente a $7,397,148.57 para los seis meses anteriores. *[Nota del editor : US$* 17,333,484.10 *dólares colectados por el fisco de Cuba en 1899 son equivalentes a US$ 499,785,383 dólares -casi medio Billón) en 2018].* La reactivación de la industria continúa; el cultivo de tabaco es mayor que nunca; el área sembrada de caña de azúcar se amplía continuamente; la producción de frutas en el extremo oriental de la isla está en continuo aumento; las minas de la provincia de Oriente están en pleno funcionamiento; la mano de obra está en franca demanda y con buenos salarios.

Curiosamente, ahora que la soberanía Española se ha ido de la isla, está ocurriendo una mayor corriente de inmigración Española. Más de 40,000 Españoles, gente principalmente trabajadora e industriosa del norte de España, han venido a la isla durante el año, y se estima que antes de finales de Diciembre el número habrá llegado a 50,000. Son útiles y bienvenidas adiciones a la industria de la isla.

Sólo las dudas sobre la estabilidad del futuro gobierno y la incertidumbre en cuanto a la continuación de un mercado para sus productos retrasa la afluencia de capital y el desarrollo de los extraordinarios recursos de Cuba. Es de esperar que la sabia acción de la actual *Convención Constituyente* resuelva rápidamente esas incertidumbres y establezca la prosperidad futura de Cuba sobre una base firme.

1901 - OPERACIONES EN CUBA

El gobierno de la isla de Cuba durante este año ha sido pacífico y ordenado. No ha habido ocasión para que las fuerzas de los Estados Unidos interfieran con la administración ordinaria de la ley. Siguiendo el plan de entrenar constantemente a las personas para que realicen las tareas del gobierno, se ha perfeccionado la organización de la Guardia Rural, y ese cuerpo ha sido puesto bajo un solo responsable, y ahora incluye un total de 1,300 hombres y oficiales armados con carabinas modernas y bien montado. La policía municipal, que durante la etapa de formación recibió apoyo del fondo general, finalmente se ha colocado en la base adecuada y prevista de apoyo de los propios municipios. Para que con la retirada de nuestras tropas la isla tenga una fuerza competente para hacerse cargo de las fortificaciones costeras, se han organizado varias compañías de tropas Cubanas que, aunque se mantienen a expensas de los insulares, se asignan a nuestras compañías de artillería costera en la isla como segundos pelotones con el propósito de instrucción y disciplina, y para que se ajusten a los deberes de defensa costera.

Se está reduciendo gradualmente el número excesivo de municipios en las provincias occidentales con el fin de aligerar los impuestos y aumentar la eficiencia. Ha habido una gran reducción en el número de asilos e instituciones pobres. Hoy en día, los mendigos son prácticamente desconocidos en la isla. Se cuenta ahora con el apoyo de 34 hospitales estatales, que contienen 2,844 camas. Se han establecido seis escuelas de capacitación para enfermeras con la instrucción a cargo de enfermeras capacitadas en los Estados Unidos, con jóvenes Cubanas como alumnas, con cursos regulares, exámenes y títulos. Las escuelas de capacitación del Gobierno para jóvenes de todas las profesiones han aumentado. La oficina de colocación de jóvenes indigentes, mencionada en mi último informe, ha sido ampliamente establecida, y durante el año ha devuelto a más de 1,200 niños a sus padres o familiares y ha colocado a 437 en otras familias. Todavía hay 2,010 huérfanos bajo el cuidado y la supervisión del estado.

Los leprosos de la isla se han consolidado en dos instituciones, y el número total bajo tratamiento ahora es 134. Seis instituciones privadas asistidas por el Estado contienen 362 ancianos pobres. Se han realizado grandes mejoras en los manicomios y ahora cuentan con 835 reclusos. Las prisiones han sido saneadas y mejoradas, y cada cárcel ha sido provista con un médico y los medicamentos necesarios.

La instrucción escolar ha sido inaugurada en las cárceles más grandes. Se han realizado extensas reparaciones de calles y trabajos sanitarios en Habana, Santiago, Cienfuegos y Santa Clara. Los planes de alcantarillado y pavimentación para La Habana se han completado y anunciado, y el contrato se ha adjudicado. Se han preparado planes para mejoras portuarias en Matanzas, y se ha adjudicado un contrato por $ 550,000 para la profundización del puerto de Cárdenas. *[Nota del editor: US$ 550,000 dólares asignados al puerto de Cárdenas en 1899 son equivalentes a casi 16 millones de dólares en 2018]*.

Se han establecido importantes luces de primera clase en los arrecifes de Colorado y Bahía Honda en la costa norte de Cuba, y en muchos puertos se han situado boyas y ahora están debidamente señalizados. Las escuelas públicas han aumentado en eficiencia. La *Ley de la Escuela*, de la cual se adjuntó una copia a mi último informe, ha demostrado ser completamente exitosa. Su carácter democrático y el control local que otorga, combinados con una supervisión central eficiente, son muy satisfactorios.

Hay 121 juntas directivas de educación elegidas por los padres, y a medida que estas juntas se familiarizan con sus funciones, la administración de la ley escolar mejora. El sistema se ha mantenido completamente fuera de la política. El trabajo de cambiar los viejos cuarteles a lo largo de la isla en escuelas ha progresado, y se han gastado $ 250,000 en este trabajo durante el año con buenos resultados. *[Nota del editor: US$ 250,000 dólares para transformar cuarteles militares en escuelas en 1899 son equivalentes a US$ 7,208,380 dólares en 2018]*.

Una escuela totalmente moderna está ahora en construcción en Santiago de Cuba a un costo de $ 50,000. Una en La Habana tiene 33 aulas, con un jardín infantil moderno, un salón de destrezas manuales, 2 gimnasios y baños. Se han establecido grandes escuelas mediante cambios en los edificios gubernamentales en Güines, Pinar del Río, Matanzas,

Ciego de Ávila y Colón. La primera exhibición del trabajo escolar Cubano fue en la *Exposición Panamericana de Buffalo*, donde los escolares Cubanos recibieron más de 30 medallas. En la actualidad hay más de 3,600 maestros docentes empleados, con una matrícula promedio de 180,000 y una asistencia promedio de 140,000 alumnos. Los maestros han mejorado. Todos están sujetos a examen y aproximadamente 6,000 personas han sido examinadas para ser maestros. Durante seis semanas durante las vacaciones de verano, se recogieron 4,000 maestros en Institutos de Maestros, se enviaron 100 maestros durante el verano a la Escuela Normal de Verano de Harvard, y 60 maestras se encuentran ahora en la Escuela Normal del Estado en Newpaltz, N. Y.

Se contemplan varias becas para aprovechar el proyecto de ley aprobado por la legislatura de Connecticut que permite a los maestros Cubanos asistir a la Escuela Normal de ese estado. Ha habido un gran aumento en el número de alumnos en las universidades y los institutos provinciales, que han recibido nuevos laboratorios de química, bacteriología e histología, y están bien equipados con los mejores electrodomésticos modernos. En general, las escuelas que existen ahora están bien provistas de libros modernos y muebles modernos. Todavía hay, sin embargo, una gran necesidad de escuelas adicionales y maestros bien instruidos y capacitados. Ha habido una mejora general en la administración de justicia, pero los tribunales aún están lejos de lo que deberían ser. Hay dificultad para obtener el personal adecuado. El número de hombres adecuados para la carrera judicial es limitado. Uno de los mayores peligros que enfrenta el nuevo gobierno es la dificultad para obtener un poder judicial absolutamente sólido. Los juicios, en general, son más cortos y más rápidos que antes, y los testigos están más dispuestos a testificar.

Los tribunales correccionales mencionados en mi último informe están dando excelentes resultados, pero el funcionamiento del sistema de jurados aún no es satisfactorio. Se ha proporcionado ayuda estatal extensa a los agricultores indigentes mediante la distribución de ganado, y más de 100,000 agricultores han recibido asistencia de esa manera. La cosecha de tabaco será menor que el año pasado a causa de mercados malos y precios bajos. El cultivo de azúcar, por otro lado, será mucho mayor. Ciento cincuenta y siete plantaciones de azúcar están hoy en operación, y la cosecha de caña producirá más de 800,000 toneladas de azúcar en comparación con 615,000 toneladas el año pasado y 308,543 toneladas el año anterior. Treinta y siete nuevas minas han sido inspeccionadas y reactivadas, y se han enviado 251,000 toneladas de mineral a los Estados Unidos. Se reunieron doscientas sesenta y tres mil docenas de esponjas en las pesquerías de esponjas en el sur de La Habana.

Un experto ha sido enviado desde Cuba a Washington para estudiar enfermedades prevalentes entre los animales de la isla, y su trabajo ha tenido buenos resultados. El *muermo*, anteriormente prevaleciente en la isla y hasta cierto punto desconocido en otros países, ha sido prácticamente erradicado. Se ha inaugurado un combate sistemático contra la tuberculosis, que tiene una de las tasas de mortalidad más altas.

La vacunación sistemática contra la *viruela* está ocurriendo en toda la isla. La tasa de mortalidad por *malaria* en las grandes ciudades se ha reducido mucho gracias a las mejoras sanitarias. La parte oriental de la isla está completamente libre de *fiebre amarilla*. La parte occidental es prácticamente libre, habiendo pocos casos en o alrededor de La Habana. Esta temida enfermedad ha pasado de una de las principales causas de muerte a una de las menos frecuentes. La reducción de la tasa de mortalidad sólo en Habana, en comparación con la anterior tasa de mortalidad, muestra un promedio de aproximadamente 3,700 vidas al año salvadas, y La Habana ha cambiado su posición de una de las ciudades más insalubres del continente Americano a una de las más saludables. El control de la fiebre amarilla, actuando sobre los resultados de las investigaciones sobre sus causas, procesados bajo la dirección del gobierno militar, parece ser ahora prácticamente absoluto.

El Cirujano General del Ejército h proporcionado la siguiente declaración condensada sobre la investigación y su resultado:

> *En mi último informe anual mencioné el nombramiento de una junta con el fin de realizar investigaciones científicas con referencia a las enfermedades infecciosas agudas que prevalecen en la isla de Cuba. Esta junta, integrada por el mayor Walter Reed, cirujano, el ejército de los Estados Unidos y los cirujanos contratados James Carroll, Arístides Agramonte y Jesse W. Lazear, del ejército de los Estados Unidos, llegaron a su estación, Columbia Barracks, Quemados, Cuba, el 25 de Junio de 1900. Afortunadamente para los propósitos de la junta, una epidemia de fiebre amarilla, que había comenzado en la ciudad adyacente de Quemados, Cuba, durante la última parte del mes de Mayo, aún prevalecía, a saber, que se daba una oportunidad para observaciones bacteriológicas y patológicas en esta enfermedad. Los resultados obtenidos fueron especialmente valiosos, mostrando que el bacillus icteroides (Sanarelli) no tiene relación causal con la fiebre amarilla, y que el mosquito sirve como un huésped intermedio para el parásito de esta enfermedad. Experimentos adicionales de un carácter muy interesante demostraron que la fiebre amarilla se transmite a no inmunes por la picadura de un mosquito que se ha alimentado previamente con la sangre de los enfermos con esta enfermedad; que la fiebre amarilla también puede ser producida por la inyección subcutánea de sangre tomada de la circulación general durante el primer y segundo día de la enfermedad; que un ataque de fiebre amarilla producido por la picadura del mosquito confiere inmunidad contra la posterior inyección de sangre infectada; que la fiebre amarilla no es transmitida por la ropa, la ropa de cama o la mercadería manchada por contacto con los enfermos de la enfermedad; que se puede decir que una casa está infectada con fiebre amarilla solo cuando hay mosquitos capaces de transmitir el parásito de la enfermedad y que la propagación de la fiebre amarilla puede controlarse con mayor efectividad mediante medidas dirigidas a la destrucción de mosquitos y la protección de los enfermos contra las picaduras de estos insectos.*

La importancia y las consecuencias de largo alcance de las observaciones hechas por el Mayor Reed, el Dr. Carlos Finlay y sus asociados en Quemados, Cuba, no pueden ser sobrestimadas. Por primera vez en la historia de esta enfermedad tropical ampliamente prevaleciente, estamos en posesión de conocimientos con respecto a la forma de su propagación que creo nos permitirán, no sólo controlar sus estragos, sino también eliminarlos cuando sea necesario, ya sea si aparecen en cualquiera de nuestras guarniciones o en las ciudades.

Con el fin de detener rápidamente la propagación de la enfermedad, se emitieron instrucciones completas en una circular de la sede, el Departamento de Cuba, para la información y orientación de los médicos y comandantes. Las medidas sanitarias puestas en vigencia por las autoridades sanitarias en la ciudad de La Habana, basadas en el trabajo del Mayor Reed, el Dr. Finlay y sus asociados, han resultado en la eliminación total de esa ciudad de fiebre amarilla en poco más de un año, después de haber atacado a los habitantes por más de ciento cuarenta años.

Inmediatamente antes de la ocupación Estadounidense, el gobierno Español de Cuba estaba ocupando y utilizando para el gobierno una gran cantidad de bienes inmuebles valiosos que anteriormente habían sido propiedad de la Iglesia Católica Romana, y que pertenecían a la Corona, sujeto a los resultados de una larga serie de negociaciones y acuerdos entre la Corona de España y la Santa Sede. El Gobierno también tenía una gran cantidad de hipotecas sobre propiedades en diferentes partes de la isla que habían sido entregadas a la Iglesia con diversos propósitos religiosos, y que habían sido asumidas por la Corona y mantenidas en virtud de los acuerdos mencionados. La Corona de España, por su parte, reconoció y cumplió con la obligación de pagarle a la Iglesia una gran suma anual para su mantenimiento y apoyo.

Con la ocupación Estadounidense, el pago de esta suma anual cesó, mientras que el gobierno interventor tomó posesión de las propiedades y empleó la mayor parte de los bienes inmuebles para los mismos fines gubernamentales a los que se había dedicado bajo control Español. La iglesia allí reclamaba el derecho a ser compensada por el embargo de su propiedad. Después de una gran discusión e investigación, las diversas preguntas sobre los derechos de propiedad planteados por la Iglesia fueron sometidas a una *Comisión Judicial* compuesta por Pedro González Llorente y Ponce, Juez de la Corte Suprema, Juan Víctor Pichardo y González, Juez de la Audiencia de Pinar del Río, y Juan Francisco O'Farrell y Chappotin, Juez de la Audiencia de La Habana y profesor de derecho civil en la Universidad de La Habana.

La Comisión decidió a favor de los reclamos de la Iglesia y todo el tema se ajustó, para la aparente satisfacción de todas las partes, en cuanto a los bienes inmuebles, por el gobierno militar pagando un alquiler del 5 por ciento sobre los valores tasados de la propiedad, que asciende a aproximadamente $2,000,000 *[equivalentes a US$57,667,042 dólares en 2018]*, con una opción de cinco años para el gobierno de Cuba, cuando se organice, para comprar la propiedad al valor de tasación, recibir crédito contra el precio de compra por el 25% del alquiler pagado, y en cuanto a los pagos del gobierno militar, tomándolos a 50 centavos por dólar, y permitiendo que los deudores los acepten al mismo ritmo.

Los ingresos de Cuba para el año finalizado el 30 de Junio de 1901 fueron de $17,167,866.21 *[equivalentes a US$495,010,036 dólares en 2018]* y los gastos fueron $17,385,905.35 en comparación con los ingresos del año finalizado el 30 de Junio de 1900, de $17,657,921.44 *[equivalentes a US$509,140,041 dólares en 2018]* y los gastos del mismo período de $15,691,453.06.

En respuesta a las sugerencias del *Comité Senatorial de Relaciones con Cuba*, el Departamento de Guerra preparó y entregó una declaración completa detallada y detallada de todos los recibos y gastos del gobierno de Cuba a partir de los montos recaudados y de los funcionarios por quién y la autoridad bajo el cual se hicieron los cobros; una lista de los gastos que muestran en cada caso la necesidad e idoneidad de los mismos, los servicios o la propiedad para los cuales se hicieron los gastos y el valor de los mismos, la autoridad bajo la cual se realizaron los gastos, los funcionarios por los cuales fueron autorizados y por quienes fueron hechos, y los fondos particulares de los cuales se tomó el dinero; dando una declaración de todos los trabajos públicos de todo tipo, incluidos edificios, muelles, ferrocarriles y todas las demás estructuras construidas, mejoradas, reparadas o decoradas por o bajo la autoridad de cualquier funcionario, civil o militar, el costo, valor, necesidad, y la propiedad y los usos a los que tales edificios o estructuras han sido puestos; si la construcción o mejora fue por contrato, si el material utilizado en la construcción fue proporcionado por contrato, y copias de cada contrato y los nombres de todas las partes interesadas en el mismo; y dando una declaración de todos los bienes personales que fueron provistos, adquiridos y confiados a cualquier oficial, civil o militar, en Cuba dentro de dicho tiempo, el costo y el valor de los mismos, y los usos a los que se ha asignado la propiedad y la disposición que ha sido hecho de eso.

Estas declaraciones cubren aproximadamente 4,000 páginas impresas, y proporcionan una explicación muy completa del período anterior y naturalmente más inestable e imperfectamente organizado de la ocupación Estadounidense.

Las importaciones de mercancías para el año terminado el 30 de Junio de 1901 fueron $65,050,141 y las exportaciones de mercancías, $63,115,821, frente a las importaciones de mercancías del año finalizado el 30 de junio de 1900, que ascendieron a $ 71,681,187, y las exportaciones de mercancías durante el mismo período, $ 45,228,346.

De las mercancías importadas por un valor de $ 65,050,141, se importaron mercancías de los Estados Unidos por un valor de $28,078,702, y de otros países mercancías por valor de $36,971,439. Del total de exportaciones de mercaderías por $ 63,115,821, desde el 1º de Enero de 1899 hasta el 30 de Abril de 1900, mostrando los lugares y fechas en que se vendió a los Estados Unidos mercadería por valor de $45,497,468, y otros mercancía de países del valor de $17,618,353. Cuba así compró a los Estados Unidos menos de lo que nos vendió a la cantidad de $16,418,766, y compró de otros países más de lo que ella les vendió a la cantidad de $ 19,353,086.

Se observará que, a pesar de las íntimas relaciones políticas que han existido entre los Estados Unidos y Cuba desde 1898, la producción Estadounidense no ha logrado en ningún grado considerable reemplazar las producciones de otros países en el mercado Cubano.

Las importaciones totales de mercancías del 1º de Enero de 1899 al 30 de Junio de 1901 ascendieron a $ 165,948,272, y las exportaciones totales de mercancías para el mismo período ascendieron a $ 138,104,515, quedando una balanza comercial contra Cuba por ese período de $27,843,757. Este exceso de compras se debe sin duda en gran medida al hecho de que el largo período de guerra y devastación que precedió a la evacuación Española dejó a la isla prácticamente sin bienes muebles necesarios para la comodidad de la vida o la producción de riqueza. Las compras excesivas se han hecho necesariamente en gran medida sobre el crédito en anticipación de los ingresos que se derivarán del aumento de la producción posterior a la reactivación de la industria.

El 1º de Junio de 1901, la segunda elección anual de oficiales municipales, que administran el gobierno local en toda la isla, se llevó a cabo sin desorden, y los oficiales recién elegidos están desempeñando sus funciones.

La *Convención Constituyente*, que estaba en sesión en el momento de mi último informe, ha concluido sus labores y suspendió *sine die* (sin fecha de renovación en el futuro). Esa convención fue elegida para: (1) Enmarcar y adoptar una Constitución; (2) prever y acordar con el Gobierno de los Estados Unidos sobre las relaciones que existen entre ese Gobierno y el gobierno de Cuba, y (3) prever la elección, por parte del pueblo Cubano, de oficiales conforme a dicha Constitución, y la transferencia del gobierno a los oficiales así elegidos.

En febrero del presente año, como la convención parecía estar cerca de la conclusión de la primera rama de su trabajo, se enviaron las siguientes instrucciones al gobernador militar:

> *Departamento de Guerra,*
> *Washington, 9 de febrero de 1901.*
> *Señor: A medida que se acerca el momento para que la Convención Constituyente Cubana considere y actúe sobre las relaciones de Cuba con los Estados Unidos, parece deseable que se le informe de las opiniones del Departamento Ejecutivo de nuestro Gobierno sobre ese tema en una forma más oficial que aquello en lo que le han sido comunicados hasta ahora. Las limitaciones sobre el poder del Ejecutivo por la resolución del Congreso del 20 de Abril de 1898 son tales que la determinación final sobre el tema en su totalidad puede descansar en el Congreso, y ahora es impracticable pronosticar cuál será la acción del Congreso. Mientras tanto,*

hasta que el Congreso haya actuado, la rama militar del Gobierno se abstendrá de cualquier compromiso, o aparente internamiento de los Estados Unidos, con cualquier política que el Congreso deba determinar de manera apropiada y, al mismo tiempo, en la medida en que está llamado a actuar o hacer sugerencias sobre el curso de los acontecimientos, debe determinar su propia conducta en referencia a la acción ya tomada por el Congreso, la política establecida de los Estados Unidos, los objetivos de nuestra ocupación actual, y los intereses manifiestos de los dos países.

La Resolución Conjunta del Congreso del 20 de Abril de 1898, que autorizó al Presidente a expulsar a las fuerzas españolas de Cuba, declaró: "que los Estados Unidos renuncian a cualquier disposición o intención de ejercer la soberanía, jurisdicción o control sobre dicha isla, excepto el pacificación de los mismos, y afirma su determinación, cuando eso se logra, de dejar el gobierno y el control de la isla a su gente ".

El tratado de paz concluido en París el 10 de Diciembre de 1898 y ratificado por el Senado el 6 de Febrero de 1899, establece en el primer artículo que " la isla, tras su evacuación por España, va a ser ocupada" por los Estados Unidos; los Estados Unidos, mientras dure dicha ocupación, asumirán y cumplirán las obligaciones que, de conformidad con el derecho internacional, puedan derivarse del hecho de su ocupación, para la protección de la vida y la propiedad ".

Contiene numerosas obligaciones por parte de los Estados Unidos con respecto al tratamiento de los habitantes del territorio cedido por España, como la disposición del artículo décimo, que los habitantes deben asegurarse en el libre ejercicio de su religión; del artículo undécimo, que estarán sujetos a la jurisdicción de los tribunales, de conformidad con las leyes ordinarias que rigen los mismos; y del artículo noveno, que conservarán todos sus derechos de propiedad, incluido el derecho de vender o disponer de los mismos, y el derecho a continuar con su industria, comercio y profesiones. El decimosexto artículo del tratado establece que las obligaciones asumidas en el tratado por los Estados Unidos con respecto a Cuba se limitan al momento de su ocupación, pero que, al término de dicha ocupación, informará a cualquier gobierno establecido en el isla para asumir las mismas obligaciones.

Nuestra ocupación de Cuba ha estado bajo la fuerza vinculante de la resolución y del tratado, y la pacificación mencionada en la resolución se ha interpretado necesariamente como coextensiva con la ocupación prevista por el tratado, durante la cual debíamos cumplir obligaciones internacionales, proteger los derechos de los antiguos súbditos de España y provocar o permitir el establecimiento de un gobierno al que pudiéramos, de buena fe, comprometer la protección de las vidas y los bienes y los derechos personales de los habitantes a los que habíamos obligado a su antiguo soberano. para retirar su protección. Es evidente que el gobierno al cual transferimos nuestras obligaciones temporales debería ser un gobierno basado en los sufragios pacíficos del pueblo de Cuba, representando a todo el pueblo y ejerciendo su poder desde el pueblo, y sujeto a las limitaciones y salvaguardias que la experiencia del gobierno constitucional ha demostrado ser necesaria para la preservación de los derechos individuales. Esto es claro como un deber para el pueblo de Cuba en virtud de la resolución del 20 de Abril de 1898, y es claro como una obligación de buena fe en virtud del tratado de París. Tal gobierno ha estado persistentemente y con toda la velocidad practicable acumulándose en Cuba, y esperamos verlo establecido y asumir el control bajo las disposiciones que serán adoptadas por la presente convención. Me parece que nadie familiarizado con la política tradicional y establecida de este país con respecto a Cuba puede encontrar motivos de duda en cuanto a nuestro deber restante. Sería difícil encontrar una sola declaración de política pública que tan a menudo haya sido declarada oficialmente por una gran variedad de distinguidos estadounidenses autorizados a hablar en nombre del Gobierno de los Estados Unidos, como decía la proposición, en variadas pero siempre intransigentes y términos inequívocos, que los Estados Unidos no permitirían bajo ninguna circunstancia que otra potencia extranjera que no fuera España adquiriera la posesión de la isla de Cuba.

Jefferson y Monroe y John Quincy Adams y Jackson y Van Buren y Grant y Clay y Webster y Buchanan y Everett han estado de acuerdo en que esto es esencial para los intereses y la protección de los Estados Unidos. Los Estados Unidos tienen, y siempre tendrán, el interés más vital en la preservación de la independencia que ella ha asegurado para Cuba, y en preservar a la gente de esa isla de la dominación y el control de cualquier poder extranjero. La preservación de esa independencia por parte de un país tan pequeño como Cuba -tan incapaz, como siempre debe ser, de luchar por la fuerza contra las grandes potencias del mundo- debe depender de su estricto cumplimiento de las obligaciones internacionales, de que brinde la protección debida a las vidas y propiedades de los ciudadanos de todos los demás países dentro de sus fronteras, y que nunca contraiga ninguna deuda pública que en manos de ciudadanos de potencias extranjeras constituya una obligación que ella no pueda cumplir. Estados Unidos tiene, por lo tanto, no solo una obligación moral derivada de su destrucción de la autoridad española en Cuba y las obligaciones del tratado de París para el establecimiento de un gobierno estable y adecuado en Cuba, sino que tiene un interés sustancial en el mantenimiento de tal gobierno.

Estamos en una posición en la que, para nuestra propia protección, hemos expulsado a España de Cuba, convirtiéndonos en los guardianes de la independencia cubana y en garantes de un gobierno estable y ordenado que proteja la vida y la propiedad en esa isla. Afortunadamente, la condición que consideramos esencial para nuestros propios intereses es la condición por la cual Cuba ha estado luchando, y que el deber que asumimos hacia Cuba por motivos cubanos y por los intereses cubanos lo requiere. Sería una conclusión muy poco convincente si, después de todo el gasto de sangre y tesoro por parte del pueblo de los Estados Unidos por la libertad de Cuba y por el pueblo de Cuba para el mismo objeto, deberíamos, a través de la constitución del nuevo gobierno, por inadvertencia o de otro modo, estar en una situación peor en relación con nuestros propios intereses vitales de lo que estábamos mientras España estaba en posesión, y el pueblo de Cuba debería ser privado de esa protección y ayuda de los Estados Unidos que es necesario para el mantenimiento de su independencia. Indudablemente, en consideración de estas relaciones especiales entre los Estados Unidos y Cuba, el Presidente dijo en su mensaje al Congreso del 11 de Abril de 1898:

"La única esperanza de alivio y reposo de una condición que ya no se puede tolerar es la pacificación forzada de Cuba. En nombre de la humanidad, en nombre de la civilización, en nombre de los intereses estadounidenses en peligro que nos dan el derecho y el deber para hablar y actuar, la guerra en Cuba debe detenerse.

"En vista de estos hechos y de estas consideraciones solicito al Congreso que autorice y faculte al Presidente para que tome medidas para asegurar el final completo y definitivo de las hostilidades entre el Gobierno de España y el pueblo de Cuba, y para asegurar en la isla el establecimiento de un gobierno estable, capaz de mantener el orden y observar sus obligaciones internacionales, asegurar la paz y la tranquilidad y la seguridad de sus ciudadanos, así como la nuestra, y usar las fuerzas militares y navales de los Estados Unidos según sea necesario para estos propósitos."

Y en su mensaje del 5 de diciembre de 1899:

"Esta nación ha asumido ante el mundo una grave responsabilidad por el futuro buen gobierno de Cuba. Hemos aceptado una confianza, cuyo cumplimiento exige la integridad más severa de los propósitos y el ejercicio de la sabiduría más elevada. de las cenizas del pasado debe estar ligado a nosotros por los lazos de la intimidad singular, y la fuerza de su bienestar perdurable debe ser asegurada. Ya sea que esos lazos sean orgánicos o convencionales, los destinos de Cuba están en alguna forma legítima y de manera irrevocable vinculados con el nuestro, pero cómo y hasta qué punto se debe determinar el futuro en la madurez de los eventos. Sea cual sea el resultado, debemos asegurarnos de que la libertad dentro de Cuba sea una realidad, no un nombre, una entidad perfecta, no un experimento apresurado que lleva consigo los elementos del fracaso. Nuestra misión, para lo cual asumimos la apuesta de la batalla, no se cumplirá girando a la deriva en una comunidad libremente enmarcada para enfrentar las vicisitudes que con demasiada frecuencia asisten a la debilidad Los Estados cuya riqueza natural y abundantes recursos se ven compensados por las incongruencias de su organización política y las ocasiones recurrentes de rivalidades internas para minar su fuerza y disipar sus energías ".

Y fue con miras a la adecuada solución y disposición de estas necesarias relaciones que el orden para la elección de delegados al presente convenio constitucional dispuso que debían enmarcar y adoptar una constitución para el pueblo de Cuba, y como parte de la misma prever y acordar con el Gobierno de los Estados Unidos las relaciones existentes entre ese Gobierno y el gobierno de Cuba.

El pueblo de Cuba debería desear haber incorporado en sus disposiciones fundamentales de la ley en sustancia de la siguiente manera:

1. Que ningún gobierno organizado de conformidad con la constitución tenga autoridad para celebrar ningún tratado o compromiso con ninguna potencia extranjera que pueda tender a menoscabar o interferir con la independencia de Cuba, o conferir a dicha potencia extranjera un derecho especial o privilegio sin el consentimiento de los Estados Unidos.

2. Que ningún gobierno organizado conforme a la constitución tendrá autoridad para asumir o contraer ninguna deuda pública que exceda la capacidad de los ingresos ordinarios de la isla después de sufragar los gastos corrientes del gobierno para pagar los intereses.

3. Que tras la transferencia del control de Cuba al gobierno establecido bajo la nueva constitución, Cuba consiente que los Estados Unidos reserven y conserven el derecho de intervención para la preservación de la independencia cubana y el mantenimiento de un gobierno estable, protegiendo adecuadamente la vida, propiedad, y libertad individual, y cumplir las obligaciones con respecto a Cuba impuestas por el tratado de París sobre los Estados Unidos y ahora asumidas y asumidas por el gobierno de Cuba.

4. Que todos los actos del gobierno militar, y todos los derechos adquiridos en virtud del mismo, serán válidos y se mantendrán y protegerán.

5. Que para facilitar a los Estados Unidos en el desempeño de los deberes que le corresponden en virtud de las disposiciones anteriores, y para su propia defensa, los Estados Unidos pueden adquirir y mantener el título de tierra para las estaciones navales, y mantener el mismo en ciertos puntos especificados.

Es posible que estas disposiciones no estén, de hecho, de acuerdo con las conclusiones a las que finalmente puede llegar el Congreso cuando ese órgano considere el tema, sino que, hasta que el Congreso haya actuado, el Ejecutivo debe necesariamente dentro de su propia esfera de acción, controlado por su propio juicio, ahora debe guiarse por las opiniones expresadas anteriormente.

No es nuestro propósito en este momento discutir el costo de nuestra intervención y ocupación, o el avance del dinero para el desarme, o nuestra suposición bajo el tratado de París de los reclamos de nuestros ciudadanos contra España por las pérdidas en que incurrieron En Cuba. Estos pueden ser objeto de una consideración posterior.

Muy respetuosamente,
ELIHU ROOT, Secretario de Guerra.
MAJOR GENERAL LEONARD WOOD, Gobernador Militar de Cuba.

Cuando fue aprobada el Acta del 2 de Marzo de 1901, titulada "*Una Apropiación para el Ejército para el año fiscal que finalizó el 30 de Junio de 1902*", la siguiente condición, contenida en el acto y conocida comúnmente como la *"Enmienda Platt"* fue comunicada al gobernador militar, a saber:

> *Disponiéndose, además, que en cumplimiento de la declaración contenida en la resolución común aprobada el 20 de Abril de mil ochocientos noventa y ocho, titulada "Por el reconocimiento de la independencia del pueblo de Cuba, exigiendo que el Gobierno de España renuncie a su autoridad y gobierno en la isla de Cuba, y retirar sus fuerzas terrestres y navales de Cuba y las aguas cubanas, y ordenar al Presidente de los Estados Unidos que use las fuerzas terrestres y navales de los Estados Unidos para llevar a efecto estas resoluciones ", el Presidente, por la presente, autoriza a "dejar el gobierno y el control de la isla de Cuba a su pueblo" tan pronto como se haya establecido un gobierno en dicha isla bajo una constitución que, ya sea como parte de ella o en una ordenanza adjunta a la misma, definirá el futuras relaciones de los Estados Unidos con Cuba, sustancialmente de la siguiente manera:*
>
> *I. Que el gobierno de Cuba nunca celebrará ningún tratado u otro pacto con ninguna potencia o poderes extranjeros que menoscaben o tiendan a menoscabar la independencia de Cuba, ni de ninguna manera autorizar o permitir el otorgamiento de poderes o poderes extranjeros, mediante colonización o para fines militares o navales o de otro modo, alojamiento o control sobre cualquier parte de dicha isla.*
>
> *II. Que dicho gobierno no asumirá ni contraerá ninguna deuda pública, ni pagará los intereses sobre los cuales, y hará una provisión razonable de fondos de amortización para la descarga final de la cual los ingresos ordinarios de la isla, después de sufragar los gastos corrientes del gobierno, serán inadecuado.*
>
> *III. Que el gobierno de Cuba consiente que los Estados Unidos puedan ejercer el derecho a intervenir para la preservación de la independencia cubana, el mantenimiento de un gobierno adecuado para la protección de la vida, la propiedad y la libertad individual, y para cumplir las obligaciones con respecto a Cuba impuesto por el tratado de París sobre los Estados Unidos, ahora para ser asumido y asumido por el gobierno de Cuba.*
>
> *IV. Que todos los actos de los Estados Unidos en Cuba durante su ocupación militar de los mismos sean ratificados y validados, y todos los derechos legítimos adquiridos en virtud del mismo se mantendrán y protegerán.*
>
> *V. Que el gobierno de Cuba ejecutará, y, en la medida de lo necesario, ampliará, los planes ya elaborados u otros planes que se acordarán mutuamente, para el saneamiento de las ciudades de la isla, hasta el final que una recurrencia de epidemia y las enfermedades infecciosas pueden prevenirse, asegurando así la protección a las personas y el comercio de Cuba, así como al comercio de los puertos del sur de los Estados Unidos y las personas residentes.*

> **VI.** *Que la Isla de Pinos se omitirá de los límites constitucionales propuestos de Cuba, quedando el título del mismo para su posterior ajuste por tratado.*
> **VII.** *Que para permitir a los Estados Unidos mantener la independencia de Cuba y proteger a las personas de la misma, así como para su propia defensa, el gobierno de Cuba va a vender o arrendar a los Estados Unidos las tierras necesarias para el carbón o las estaciones navales a ciertos puntos, que se acordarán con el Presidente de los Estados Unidos.*
> **VIII.** *Que a modo de mayor seguridad, el gobierno de Cuba incorporará las disposiciones vigentes en un tratado permanente con los Estados Unidos.*

Por instrucciones del Departamento, el gobernador militar comunicó formalmente estas disposiciones a la convención y le informó a ese cuerpo que el Presidente esperaba su acción al respecto. El 3 de Abril se envió el siguiente despacho al gobernador militar, quien lo comunicó a un comité de la convención:

> *Wood, Habana:*
> *Usted está autorizado a declarar oficialmente que, a juicio del Presidente, la intervención descrita en la tercera cláusula de la enmienda Platt no es sinónimo de intromisión o injerencia en los asuntos del gobierno Cubano, sino la acción formal del Gobierno de los Estados Unidos, basada en razones justas y sustanciales, para la preservación de la independencia Cubana y el mantenimiento de un gobierno adecuado para la protección de la vida, la propiedad y la libertad individual, y adecuado para cumplir con las obligaciones con respecto a Cuba impuestas por el tratado de París en los Estados Unidos.*
> ELIHU ROOT, *Secretario de Guerra*

El 12 de Junio, la Convención adoptó una ordenanza que establece disposiciones idénticas a las citadas anteriormente de la ley del 2 de Marzo de 1901, una parte de la constitución.

El 1 de Octubre, la convención cumplió con su deber restante mediante la adopción de una ley electoral que preveía una elección general en toda la isla, que se celebraría el 31 de Diciembre próximo, para elegir gobernadores de provincias, concejales provinciales, miembros de la casa de representantes, y electores presidenciales y senatoriales. La ley también establece que el 24 de Febrero de 1902, los diversos *Cuerpos de Electores* así elegidos se reunirán y elegirán un presidente, un vicepresidente y senadores. Las elecciones se realizarán bajo la supervisión directa de una Junta Central de Escrutinio, compuesta por el presidente de la convención y otros cuatro miembros seleccionados para tal fin.

La ley fue promulgada por una orden general del gobierno militar el 14 de octubre.

No estoy totalmente de acuerdo con la sabiduría de algunas de las disposiciones de esta Constitución; pero proporciona una forma republicana de gobierno; fue adoptada después de una larga y paciente consideración y discusión; representa los puntos de vista de los delegados elegidos por el pueblo de Cuba; y no contiene características que justifiquen la afirmación de que un gobierno organizado en virtud de ella no será uno al que los Estados Unidos puedan transferir adecuadamente las obligaciones de protección de la vida y la propiedad en virtud del derecho internacional, asumidas en el tratado de París.

En virtud de la ordenanza del 12 de Junio de 1901, la Constitución define las futuras relaciones de los Estados Unidos con Cuba por las disposiciones cuya presencia el Congreso ha establecido una condición previa para que el Presidente deje el gobierno y el control de la isla de Cuba a su gente. La Constitución así adoptada y perfeccionada ha sido tratada en consecuencia por el gobierno militar como una base aceptable para la formación del nuevo gobierno al cual, cuando se organiza e instala, el control de la isla debe ser transferido; y tal transferencia puede anticiparse antes del cierre de la próxima sesión del Congreso. Si el pueblo de Cuba y sus oficiales exhiben, bajo el gobierno de su elección, la misma contención y respeto por la ley que han caracterizado sus relaciones con el Gobierno interventor durante nuestra ocupación bajo el *Tratado de París*, el éxito de la administración Cubana puede ser esperada con confianza.

La nueva república comenzará su carrera independiente con la cordial amistad y los buenos deseos de todos los oficiales y soldados de los Estados Unidos que han luchado y trabajado por el bien de Cuba, y que han aprendido a apreciar las muchas cualidades admirables y atractivas de su gente Creo que a medida que el período de la ocupación Estadounidense llega a su fin, los Cubanos aprecian más lo que la gente de los Estados Unidos ha hecho por ellos. Durante la reciente enfermedad grave del gobernador militar, las manifestaciones de estima y afecto hacia él fueron especialmente gratificantes; y la muerte lamentada del presidente McKinley fue seguida por expresiones generales de simpatía y dolor en toda la isla.

El principal obstáculo aparente para la futura prosperidad de la isla se encuentra en sus relaciones comerciales con los Estados Unidos, y la necesidad de asegurar algún arreglo recíproco según el cual se otorgará una concesión de los derechos arancelarios ahora impuestos por los Estados Unidos sobre los principales productos Cubanos.

La prosperidad de Cuba depende de encontrar un mercado para sus principales productos, el azúcar y el tabaco, con un beneficio razonable. En las condiciones existentes, o en las condiciones que se prevén, Cuba no puede encontrar un mercado para su azúcar, y en gran medida para su tabaco, solo en los Estados Unidos. Conforme a las disposiciones vigentes de la ley de aranceles de los Estados Unidos, los precios que se pueden realizar para el azúcar cubano y una gran parte del tabaco cubano en este mercado no son suficientes para pagar los aranceles, el costo del transporte y la producción, y productor.

Ruego referirme a una discusión sobre este tema en mi informe anual de 1899, y confirmar, a la luz de los dos años transcurridos, la conclusión contenida en ella en las siguientes palabras:

Como Estados Unidos es el gran mercado para el azúcar Cubano, y la prosperidad de Cuba depende de ese mercado, es muy probable que, por competente y eficiente que sea el gobierno de Cuba, en cuyas manos le entreguemos el control de la isla, la primera medida de auto preservación que ese gobierno se verá obligado a considerar será obtener de los Estados Unidos algún acuerdo arancelario en virtud del cual Cuba pueda vender su azúcar con un beneficio. La incertidumbre de si ese arreglo puede hacerse ahora se interpone en el camino de la reactivación de la industria azucarera en Cuba. No se puede dudar de que, cuando los representantes de los dos países examinen la cuestión de las futuras relaciones entre este país y Cuba, los Estados Unidos tratarán generosamente en todos los aspectos con las personas por las que ha hecho tan grandes sacrificios.

Confiando en el trato justo y generoso de los Estados Unidos, los agricultores Cubanos han hecho grandes esfuerzos para revivir su gran industria, y han elevado su producto de azúcar de 308,000 toneladas en 1899 a 615,000 toneladas en 1900, mientras que la producción para el presente año se estima en algo más de 800,000 toneladas. Incitados por nuestro precepto y confiando en nuestra amistad, han luchado por recuperar los desastres que sufrió su país. Todo el capital que tenían o podían pedir prestado se ha invertido en la reconstrucción de sus fábricas y la replantación de sus tierras. Más de la mitad de la población de la isla depende directa o indirectamente del éxito de esa industria. Si tiene éxito, podemos esperar paz, abundancia, orden interno y la felicidad de un pueblo libre y satisfecho para recompensar el sacrificio de vidas y tesoros estadounidenses por los que Cuba fue liberada. Si falla, podemos esperar que los campos se vuelvan a desperdiciar, que los molinos se desmantelen nuevamente, que el gran número de trabajadores pierda su empleo y que sobrevenga la pobreza y la inanición, el desorden y la anarquía; que las organizaciones benéficas y las escuelas que hemos estado creando no encontrarán dinero para su apoyo y se descontinuarán; que las precauciones sanitarias que han hecho que Cuba ya no sea una temida fuente de pestilencia, sino una de las islas más saludables del mundo, necesariamente serán abandonadas, y nuestra costa atlántica sufrirá nuevamente por el daño al comercio y el mantenimiento de cuarentenas a un costo anual de muchos millones.

Cuba ha aceptado nuestro derecho a decir que no se pondrá en manos de ningún otro poder, sean cuales sean sus necesidades, y en nuestro derecho a insistir en el mantenimiento de un gobierno libre y ordenado a través de sus límites, sin importar cuán empobrecido y desesperado pueda estar su gente. Correlativo a este derecho es un deber de la más alta obligación tratarla no como un enemigo, no a brazo partido como un rival comercial agresivo, sino con una generosidad que, para ella, no será más que justicia; para dar forma a nuestras leyes para que contribuyan a su bienestar, así como a la nuestra.

El lenguaje del mensaje del Presidente del 5 de Diciembre de 1899 bien puede ser recordado ahora:

> *Esta nación ha asumido ante el mundo una grave responsabilidad por el futuro buen gobierno de Cuba. Hemos aceptado una confianza cuyo cumplimiento exige la integridad más estricta de los propósitos y el ejercicio de la más alta sabiduría. La nueva Cuba que aún debe surgir de las cenizas del pasado debe estar ligada a nosotros mediante lazos de singular intimidad y fortaleza si se quiere asegurar su perdurable bienestar. Ya sea que esos lazos sean orgánicos o convencionales, los destinos de Cuba tienen una forma y un modo legítimos irrevocablemente vinculados con el nuestro, pero cómo y cuánto determinará el futuro en la madurez de los acontecimientos.*

Nuestro deber actual con Cuba se puede llevar a cabo mediante el establecimiento de un acuerdo arancelario recíproco con ella, como instó el presidente McKinley en sus últimas palabras a sus compatriotas en Buffalo el 5 de Septiembre.

Una reducción razonable en nuestros aranceles sobre el azúcar y el tabaco Cubanos, a cambio de reducciones compensatorias justas de los aranceles Cubanos sobre los productos Estadounidenses, responderá al objetivo, y exhorto encarecidamente a que se llegue a un acuerdo con prontitud. No implicaría ningún sacrificio, pero sería tan ventajoso para nosotros como lo sería para Cuba. El mercado de productos Estadounidenses en un país con tal población, tal riqueza y poder adquisitivo, como Cuba con prosperidad adquiriría rápidamente, hecho con la ventaja de aranceles preferenciales, contribuiría mucho más a nuestra prosperidad que la porción de nuestros deberes actuales. que se nos pediría que concediéramos.

Una gran parte de los $ 37,000,000 de mercancías que Cuba ahora importa de países distintos de los Estados Unidos, y de la cantidad mucho mayor que importaría si fuera próspera, debería provenir inevitablemente de los Estados Unidos, si hubiera un arreglo recíproco apropiado.

Un examen cuidadoso muestra que el año pasado compró más de $ 6,000,000 en productos de algodón, de los cuales suministramos menos de $ 500,000; casi $ 700,000 en productos de lana, de los cuales suministramos menos de $ 22,000; más de $ 2,000,000 en vegetales y fibras vegetales, de los cuales suministramos $ 171,000; más de $ 2,700,000 en vinos, de los cuales suministramos $ 329,000; más de $ 526,000 en artículos de seda, de los cuales suministramos sólo $ 24,000; casi $2,598,000 en aceites, etc., de los cuales suministramos $ 713,000; $1,053,000 en químicos, medicamentos, etc., de los cuales suministramos a penas $ 422,000; $ 8,476,000 en animales y productos de origen animal, de los cuales suministramos $ 1,994,000; $ 1,638,000 de manufacturas de cuero, de las cuales suministramos sólo $ 405,000; $3,335,000 en arroz, del cual suministramos sólo $ 3,000. Sustancialmente el conjunto de estos artículos, de los cuales ahora proporcionamos una parte tan pequeña, deberían provenir de los campos y fábricas de los Estados Unidos.

Aparte de la obligación moral a la que nos comprometimos cuando expulsamos a España de Cuba, y aparte de las consideraciones ordinarias de ventaja comercial involucradas en un tratado de reciprocidad, existen las razones más importantes de la política pública estadounidense apuntando en la misma dirección; porque la paz de Cuba es necesaria para la paz de los Estados Unidos; la salud de Cuba es necesaria para la salud de los Estados Unidos; la independencia de Cuba es necesaria para la seguridad de los Estados Unidos. Las mismas consideraciones que llevaron a la guerra con España ahora requieren que se haga un arreglo comercial bajo el cual Cuba pueda vivir. La condición de las industrias azucareras y tabacaleras en Cuba ya es tal que la acción más temprana posible del Congreso sobre este tema es deseable.

1902 - OPERACIONES EN CUBA

De conformidad con la Constitución Cubana y la ley electoral, cuyas traducciones fueron anexadas a mi informe de la última, las elecciones fueron realizadas por el pueblo Cubano el 31 de Diciembre de 1901, y por el Colegio Electoral el 24 de Febrero de 1902. Un presidente, un Vicepresidente, un Senado y una Cámara de Representantes fueron elegidos. El 24 de Marzo de 1902, el Gobernador Militar recibió las siguientes instrucciones:

> *General de Brigada Leonard Wood,*
> *Gobernador Militar de Cuba, La Habana, Cuba.*
> *Señor: Está autorizado a prever la inauguración, el 20 de Mayo próximo, del gobierno elegido por el pueblo de Cuba; y al establecerse dicho gobierno para dejar el gobierno y el control de la isla de Cuba a su pueblo, de conformidad con las disposiciones de la ley del Congreso tituladas "Un acto de apropiación para el Ejército para el año fiscal que finaliza el 30 de junio de 1902," aprobado el 2 de Marzo de 1901.*
> *Tras la transferencia del gobierno y el control al Presidente y al Congreso así elegidos, se les informará que dicha transferencia se realiza con el entendimiento expreso y la condición que el nuevo Gobierno haga al respecto, y por la aceptación de la misma, de*

conformidad con las disposiciones del apéndice a la Constitución de Cuba adoptado por la Convención Constitucional el 12 de junio de 1901, asume todas cada una de las muchas obligaciones asumidas por los Estados Unidos con respecto a Cuba por el tratado entre los Estados Unidos de América y Su Majestad la Reina Regente de España, firmado en París el 10 de Diciembre de 1898. Es el propósito del Gobierno de los Estados Unidos, inmediatamente después de la toma de posesión del nuevo Gobierno de Cuba, terminar la ocupación de la isla por los Estados Unidos y retirarse de esa isla las fuerzas militares ahora en ocupación de la misma; pero para la preservación y el cuidado de las defensas costeras de la isla, y para evitar dejar la isla completamente indefensa frente a un ataque externo, puede dejar en la costa fortificaciones con el menor número de artillería que sea necesario, durante un tiempo razonable, como ser requerido para permitir que el nuevo gobierno se organice y sustituya allí por una fuerza militar adecuada propia; en ese momento se prevé que las estaciones navales a las que se hace referencia en el estatuto y en el apéndice de la Constitución citada anteriormente, habrán sido acordadas, y dichos artilleros podrán ser transferidos a ellas.

Convocará al Congreso elegido por el pueblo de Cuba en sesión conjunta en un tiempo razonable antes del 20 de mayo, según sea necesario, para cumplir con los deberes de contar y rectificar el voto electoral para Presidente y Vicepresidente. bajo el artículo quincuagésimo octavo de la constitución cubana. Al mismo tiempo publicará y certificará para el pueblo de Cuba el instrumento adoptado como la constitución de Cuba por la convención constitucional del 21 de Febrero de 1901, junto con el apéndice añadido y formando parte de la misma, adoptado por la dicha convención el 12 de junio de 1901. El Gobierno de los Estados Unidos entiende que el gobierno de la isla pasará al nuevo Presidente y Congreso de Cuba como una empresa en marcha, todas las leyes promulgadas por el gobierno de la continuación de la vigencia y efecto, y de todos los funcionarios ejecutivos y administrativos judiciales y subordinados que continúen desempeñando legalmente sus funciones hasta que los funcionarios constitucionales del nuevo Gobierno los modifiquen. Al mismo tiempo, la responsabilidad de los Estados Unidos para la recaudación y el gasto de los ingresos, y para el correcto desempeño del deber por parte de los oficiales y empleados del gobierno insular finalizará, y comenzará la responsabilidad del nuevo Gobierno de Cuba allí. .

Para evitar cualquier molestia al nuevo Presidente que pueda surgir al asumir la responsabilidad ejecutiva con subordinados a los que no conoce, o en quienes no tiene confianza, y para evitar cualquier ocasión de cambios radicales en el personal de la administración pública inmediatamente después la inauguración del nuevo Gobierno, se aprueba el curso que usted ya ha propuesto para consultar al Presidente electo y sustituirlo antes del 20 de Mayo, donde lo desee, por las personas que ocupan cargos oficiales, personas como él puede designar. Este método hará necesario que el nuevo presidente y usted mismo nombren representantes

> *para contar y certificar los saldos de efectivo y efectivo, y los valores de los depósitos, transferidos al nuevo Gobierno. El consentimiento del propietario de los valores para los depósitos a la transferencia de los mismos obtendrá, por supuesto.*
>
> *Los comprobantes y cuentas en la oficina del Auditor y en otros lugares relacionados con la recepción y el desembolso de dinero durante el gobierno de la ocupación deben permanecer necesariamente dentro del control y disponibles para el uso de este Departamento. Sin embargo, el acceso a estos documentos será, sin duda, importante para los funcionarios del nuevo Gobierno en el desarrollo de sus actividades posteriores al 20 de Mayo. En consecuencia, deberá designar a un agente para tomar posesión de estos documentos y retenerlos en el lugar de la isla de Cuba que se acuerde con el nuevo Gobierno hasta que puedan ser trasladados a los Estados Unidos sin perjuicio del negocio actual del nuevo gobierno.*
>
> *Deseo que usted comunique el contenido de esta carta al Sr. Palma, el Presidente electo, y que verifique si el curso descrito arriba concuerda con sus opiniones y deseos.*
> *Muy respetuosamente,*
> ELIHU ROOT, *Secretario de Guerra.*

> *Las propuestas incluidas en esta carta cumplen con mi aprobación personal. Washington, 25 de Enero de 1902.*
> T. ESTRADA PALMA.
> *Washington DC, 25 de Marzo de 1902*

Estas instrucciones, comunicadas al Presidente electo, Sr. Palma, recibieron su aprobación, y fueron ejecutadas por completo el 20 de Mayo de 1902.

Toda la situación gubernamental en Cuba carecía de precedentes, con su curioso dispositivo de una soberanía suspendida por España, pero no en términos de los derechos de nadie y, de ser conferido, permanecer latente, mientras que un gobierno práctico de trabajo de ocupación militar en el tiempo de paz, derivando su autoridad de la soberanía de otro país, reivindicando la lealtad temporal, promulgando y aplicando leyes, y desarrollando una organización política del pueblo Cubano para tomar y ejercer la soberanía suspendida o adormecida. Era importante que al inaugurar el nuevo gobierno no se rompiera la continuidad de la obligación legal, de los derechos de propiedad y contrato, de jurisdicción o de acción administrativa. No serviría esperar a que el nuevo gobierno aprobara leyes o creara oficinas y nombrara funcionarios administrativos y les otorgara poderes, por el momento en que se creó el nuevo gobierno, el gobierno interino cesó y el período de espera sería un período de anarquía.

Por lo tanto, era necesario tomar medidas para que el nuevo gobierno se creara como una empresa en marcha, y cada funcionario debería poder seguir con su parte del negocio de gobernar bajo la nueva soberanía sin esperar ninguna autoridad nueva. Que todo lo necesario para este fin debe hacerse, y que debe hacerse de acuerdo con una teoría legal coherente y de mantenimiento, causó gran preocupación al Departamento. Es gratificante informar que ya se hizo, y que el gobierno que, hasta el mediodía del 20 de Mayo, estaba procediendo bajo la autoridad del Presidente de los Estados Unidos, continuó en la tarde de ese día y desde entonces ha continuado bajo el soberanía que ha sido abandonada por España en Abril de 1899, sin más interrupción o confusión que la que acompaña a la inauguración de un nuevo presidente en los Estados Unidos. Esto no podría haber sido hecho sin la mejor comprensión perfecta, la confianza mutua y la cooperación comprensiva de parte de nuestros oficiales, que estaban a punto de retirarse, y los oficiales recién elegidos de Cuba, que estaban a punto de tomar las riendas del gobierno. Nuestras tropas se retiraron de Cuba en la tarde del 20 de mayo, en medio de expresiones universales de gratitud, estima y afecto. El sentimiento público quedó bien ilustrado por el siguiente telegrama del presidente Palma:

> *Elihu Root, Secretario de Guerra, Washington.*
> *La Habana, 2 de mayo de 1902.*
> *Estoy profundamente conmovido por su sincero mensaje de felicitación por la inauguración de la República de Cuba, al nacimiento del cual el pueblo y el Gobierno de los Estados Unidos han contribuido con su sangre y tesoros. Tenga la seguridad de que el pueblo Cubano nunca podrá olvidar la deuda de gratitud que le debemos a la gran República, con la que cultivaremos siempre las relaciones de amistad más estrechas y por la prosperidad con la que rezamos al Todopoderoso.*
> *TOMÁS ESTRADA PALMA.*

Me atrevo a expresar la esperanza de que esta fuerte y bien merecida amistad de Cuba sea permanente y que nunca pueda ser alienada por nuestro tratamiento a algún poder más pequeño y más débil, y que el pueblo de los Estados Unidos nunca pierda su profundo interés en el bienestar de la nueva República que han creado con tanto trabajo y sacrificio. No conozco ningún capítulo en la historia de Estados Unidos más satisfactorio que el que registrará la conducta del gobierno militar de Cuba. El mérito de esto se debe, ante todo, al Brigadier General *Leonard Wood*, comandante del Departamento de Santiago hasta Diciembre de 1899, y desde entonces gobernador militar de la isla.

El crédito se debe también al Brigadier General *Tasker H. Bliss*, que se hizo cargo de la recaudación de los ingresos aduaneros; a los Comandantes *E. St. John Greble* y *Jefferson R. Kean*, sucesivamente jefes del Departamento de Ayudas; al Teniente *Matthew E. Hanna*, Superintendente de Escuelas Públicas; a los Tenientes *E. C. Brooks* y *J. D. Terrill*, sucesivos Auditores de Cuba, y a los honorables Cubanos que, como jefes de los diversos departamentos estatales, constituyeron el gabinete del Gobernador Militar: los señores *Diego Tamayo*, secretario de Estado y gobierno; *Leopoldo Cancio*, secretario de finanzas; *José Varela*, secretario de justicia; *José Ramón Villalón*, secretario de obras públicas; *Enrique José Varona*, secretario de instrucción pública; y *Perfecto Lacoste*, secretario de agricultura. El crédito también se debe al Mayor General *John R. Brooke*, el primer gobernador militar y los miembros de su administración; y a los comandantes del departamento, el General *James H. Wilson* y el General *Fitzhugh Lee*; al encomiable General *William Ludlow*, cuya ardua labor en el gobierno y el saneamiento de La Habana hizo que su prematura muerte no fuera el menor de los sacrificios de su país por Cuba; al Brigadier General *Joseph P. Sanger*, comandante en Matanzas y más tarde director del censo; y al Mayor General (entonces Coronel) *Adna R. Chaffee*, jefe de personal, y los Coroneles W. V. Richards y *H. L. Scott*, ayudantes - general del departamento.

El crédito especial se debe también al Dr. Carlos Finlay y al Departamento Médico del Ejército, y particularmente al Mayor *Walter Reed* y al Mayor *William C. Gorgas* por su extraordinario servicio para librar a la isla de la fiebre amarilla, descrita en mi último informe, y al Dr. *Jefferson. R. Kean* y el *Dr. James Carroll* por su participación en ese trabajo.

El carácter brillante de este logro científico, su inestimable valor para la humanidad, el ahorro de miles de vidas y la liberación de la costa del Atlántico desde la aprensión constante, exigen un reconocimiento especial del Gobierno de los Estados Unidos.

El Dr. Reed es el graduado de mayor rango en el Departamento Médico, y dentro de unos meses se convertirá en Teniente Coronel. Solicito que se autorice al presidente a nombrarlo Cirujano Asistente General con rango de Coronel y nombrar al subinspector general Gorgas, General con rango de Teniente Coronel, y que los números respectivos en esos grados en el Departamento Médico sean aumentados en consecuencia durante el período para el que ocupan esas oficinas.

El nombre del Dr. *Jesse W. Lazear*, cirujano contratado, que se permitió voluntariamente ser inoculado con el germen de la fiebre amarilla, a fin de proporcionar una prueba experimental necesaria en el curso de la investigación, y que murió de la enfermedad, debería estar escrito en la lista de los mártires que han muerto en la causa de la humanidad. Como un ligero recordatorio de su heroísmo, una batería en la fortificación de defensa costera en Fort Howard, Baltimore, Maryland, ha sido llamada *"Battery Lazear"*.

Bajo la cláusula de las instrucciones anteriores relacionadas con el cuidado de las defensas costeras en Cuba, cuatro compañías de Artillería

Costera se han quedado en las fortificaciones de La Habana, dos compañías en Cienfuegos y dos en Santiago, dependiendo de la ubicación de las estaciones navales para que pueden ser transferidos, y la instrucción de artilleros Cubanos para tomar su lugar. La fuerza de Artillería Cubana ha sido organizada y ha recibido instrucción regular de nuestros oficiales de artillería.

Sede del Departamento de Cuba,
La Habana, 20 de mayo de 1902.
Al Presidente de Cuba y al Congreso en la República de Cuba.

Señores: Bajo la dirección del Presidente de los Estados Unidos, ahora transfiero a ustedes, como representantes debidamente elegidos del pueblo de Cuba, el gobierno y el control de la isla, para que los ejerza y los ejerza bajo las disposiciones de la Constitución. de la República de Cuba hasta ahora adoptada por la Convención Constitucional y promulgada hoy; y declaro por la presente que la ocupación de Cuba por los Estados Unidos y el gobierno militar de la isla, se da por terminado.

Esta transferencia de gobierno y control está en la condición expresa, y el Gobierno de los Estados Unidos entenderá, que por la aceptación de lo que haga ahora, de conformidad con las disposiciones de dicha constitución, asume y asuma, todas y varias, las obligaciones asumido por los Estados Unidos con respecto a Cuba, por el tratado entre los Estados Unidos de América y Su Majestad la Reina Regente de España, firmado en París el 10 de Diciembre de 1898.

Todas las obligaciones monetarias del gobierno militar hasta la fecha han sido pagadas en la medida de lo posible. Los fondos públicos derivados de los ingresos de Cuba se transfirieron hoy a los funcionarios Cubanos. Se transfieren sujetos a tales reclamos y obligaciones debidamente pagados de los ingresos de la isla que puedan quedar. La suma de $100,000 ha sido reservada de la transferencia de fondos para sufragar gastos anticipados de contabilidad, informes y liquidación de los asuntos del gobierno militar, después de lo cual cualquier saldo no utilizado de dicha suma será pagado al tesoro de la isla.

Los planes ya ideados para el saneamiento de las ciudades de la isla y para prevenir una recurrencia de enfermedades epidémicas e infecciosas, a las cuales el Gobierno de los Estados Unidos entiende que se aplica la disposición de la constitución contenida en el quinto artículo del apéndice, son como sigue:

1. *Un plan de pavimentación y alcantarillado de la ciudad de La Habana, aún en progreso, para el cual el municipio de esa ciudad adjudicó un contrato a McGivney, Rokeby & Co.*

2. *Un plan de obras sanitarias para abastecer a la ciudad de Santiago de Cuba, preparado por el Capitán SD Rockenbach, a cargo del distrito de Santiago, y aprobado por el gobernador mili-*

tar, que contempla tomar agua de los pozos del Cañón de San Juan y bombear lo mismo a los embalses ubicados en las alturas al este de la ciudad.

3. Un plan para el alcantarillado de la ciudad de Santiago de Cuba, cuyo contrato fue adjudicado a Michael J. Dady & Co. por el gobernador militar de Cuba, y ahora está en construcción.

4. Las reglas y regulaciones establecidas por el Presidente de los Estados Unidos el 17 de Enero de 1899 para el mantenimiento de la cuarentena contra enfermedades epidémicas en los puertos de La Habana, Matanzas, Cienfuegos y Santiago de Cuba, y posteriormente en otros puertos de la isla, tal como fueron extendidos y enmendados y aplicados a condiciones futuras por orden del Gobernador Militar, fechados, publicados en el Boletín Oficial de La Habana el día de Abril de 1902.

5. Las reglas y regulaciones sanitarias vigentes en la ciudad de La Habana (y en cualquier otra ciudad que tenga reglas oficiales, etc.).

6. Estados Unidos entiende que el actual gobierno de Isla de Pinos continuará como un gobierno de facto, en espera de la resolución del título de dicha isla por un Tratado de Conformidad con la Constitución Cubana y la ley del Congreso de los Estados Unidos. aprobada el 2 de Marzo de 1902.

El Presidente de los Estados Unidos me ha encargado adicionalmente darles personalmente la carta que ahora les entrego.

LEONARD WOOD
Gobernador Militar de Cuba

La Bandera Cubana ondeando por primera vez en el antiguo Palacio de los Capitanes Generales.

5

Una visión histórica y documentada del progreso logrado por Norteamericanos y Cubanos durante la ocupación (1898-1902) y el esfuerzo que juntos hicieron para reparar los estragos de la guerra y preparar a Cuba para ser una República Independiente, a pesar de la desatención de 400 años del gobierno colonial Español.

A la izquierda, la portada del *New York World Sunday Magazine* del 15 de Mayo de 1898. A la derecha el mismo periódico, propiedad de Joseph Pulitzer, en su edición del 24 de Junio de 1898. Ambos anticipando una cordial bienvenida de las tropas Americanas en Cuba.

Los EEUU anticiparon una calurosa bienvenida en Cuba

Los titulares de la revista del *New York World* del 15 de Mayo leían:

«*Las tropas Americanas desembarcan en Cuba para proteger a los insurgentes Cubanos de los ataques Españoles y son bienvenidas por los Cubanos.*»

Al frente de la imagen, un supuesto soldado Cubano, correctamente uniformado, le extiende la mano a un marino Americano de la fuerza invasora.

En la página completa que se presenta a la derecha el titular lee:

«*Los Cubanos hambrientos dan la bienvenida a las tropas invasoras.*»

Las imágenes, altamente especulativas, representan el pensamiento editorial del periódico. El 15 de Mayo, un mes antes del desembarco, la imagen de las tropas en la playa de Daiquirí muestra a los Cubanos contentos y agradecidos por la ayuda. El 24 de Junio, ya comenzada la guerra, pretende presentar otra realidad en Cuba: mujeres y niños en harapos salen de sus escondites para saludar a los invasores. Lo que antes era *confraternidad* ahora se había convertido en *labor humanitaria* .

En el Morro y el Palacio del Gobernador una nueva bandera

El primer gobierno de ocupación Estadounidense en Cuba quedó oficialmente constituido el 1º de Enero del 1899, y se extendió hasta el 20 de Mayo de 1902. Según palabras de la administración Norteamericana, «... *nuestra presencia en Cuba está avalada por el deseo de instaurar el orden en el país, detener la hambruna y contener los brotes epidémicos que amenazaban completar la obra de devastación y muerte iniciada durante la Reconcentración...*»

La situación de la población en la isla era muy difícil. Los estudios demográficos han concluido que la frustrada independencia pagó el alto precio de 400,000 vidas humanas, entre los que murieron durante la guerra y los niños que dejaron de nacer. El proceso de reconstrucción detuvo el desastre que amenazaba a la población civil, abrió nuevas fuentes de empleo en la agricultura y la construcción y aceleró la organización de un moderno sistema educacional y de salud.

En 1898 la población de Cuba alcanzaba la cifra de 1,572,797 habitantes, de los cuales 1,052,397 eran blancos y 520,400 eran personas de color. Habían nacido fuera de Cuba 172,535 individuos, de los cuales 129,240 eran Españoles, 14,614 eran Chinos y 15,768 eran de origen Africano. Es de notar que los últimos esclavos que vinieron de África, al ser liberados, escogieron ser considerados como Cubanos. Los criollos encontraron esa decisión como muy representativa y elocuente de la dignidad que tuvo en Cuba la raza negra a pesar de haber sufrido por su condición de esclavitud.

Por sexos, la población general era un 52% de varones y un 48% de hembras. En la población blanca los varones representaban el 54% y las hembras el 46%; lo contrario en la población de color. Esto último se debió indudablemente a la *Trata de Esclavos*, que proporcionaba mas varones que hembras y al hecho de haber habido mayor sobrevivencia entre las mujeres debido a un menor índice de mortalidad por la naturaleza de sus trabajos.

La famosa reunión de los Generales Norteamericanos *Sampson* y *Shafter* con *Calixto García* los días 19 y 20 de Junio de 1898 en *Aserradero*, al oeste de la entrada a la bahía de Santiago. Allí se decidieron estrategias para el desembarco de las tropas Norteamericanas. El creador del plan finalmente aceptado fue el General Cubano *Demetrio Castillo Duany*. 3,000 cubanos fueron trasladados desde *Aserradero* hasta *Siboney* para ayudar a los Americanos a desembarcar.

¿Qué pensaron los Cubanos sobre la Intervención Americana?

El evento más traumático en la isla de Cuba, después de 400 años de colonización Española, fue la intervención de los EEUU en la guerra que libraban los Cubanos por lograr su independencia de España (1895-1898). ¿Cuál fue el pensamiento prevaleciente entre los Cubanos de la época? ¿Fue la del 98 una guerra imperialista o fue guerra humanitaria? El debate ha persistido por más de un siglo, pero la verdad histórica es que fue una guerra que respondió a las necesidades de ambas partes.

Para algunos Cubanos, los EEUU le habían arrebataron la victoria a las armas Mambisas; victoria que estaba a punto de ser alcanzada después de tres años de cruentos sacrificios. Algo muy diferente pensaron otros. Los sueños con que Martí lanzó el proceso de liberación nacional durante el primer año de la guerra ya se habían hecho pesadillas en 1898. Los mismos males que llevaron al fracaso de la Guerra de los Diez Años comenzaron a surgir de nuevo: regionalismo, indisciplina, contradicciones entre el mando militar y el civil, desacato a la autoridad de los jefes Mambises, conflicto de opiniones y disparidad de estrategias con la emigración. Comenzaron también a reverdecer las viejas rivalidades entre los caudillos militares.

Los Cubanos no resintieron la intervención Americana en 1898; los jefes Mambises oscilaron entre el júbilo y la cautela, pero apenas hubo rechazos. El propio Máximo Gómez, el más alto jefe militar del ejército Cubano, escribió al presidente McKinley en Abril de 1898, sugiriéndole una intervención Americana: «*España se ha portado mal aquí, y los Estados Unidos tienen un deber de humanidad y civilización hacia Cuba ... hasta ahora sólo he tenido motivos de admiración respecto a los Estados Unidos.*» Para Máximo Gómez, en ese momento, los EEUU representaban la modernidad, la justicia y el progreso; el imperio Español, por el contrario, estaba basado en una mera hegemonía alcanzada por la fuerza.

Fotos de los gabinetes de gobierno presididos por el General Wood entre 1899 y 1902:

El primer gabinete (*arriba*) incluyó a **Diego Tamayo** (Interior), **Enrique José Varona** (Tesoro), **Hernández Barreiro** (Educación), **Luis Estévez** (Justicia), **José R. Villalón** (Obras Públicas) y **Juan Rius Rivera** (Agricultura).

El segundo y último gabinete (*debajo*) incluyó a **Diego Tamayo, José Varela Jado, Perfecto Lacoste, Leopoldo Cancio, Enrique José Varona** y **José R. Villalón**.

Cubanos en altos puestos bajo la ocupación Americana

El 1° de Enero de 1899, a las doce del día, el General Adolfo Castellanos, a nombre de su Majestad Católica Española, Su Majestad la Reina Regente de España, en nombre de su augusto hijo Don Alfonso XIII, entregó el mando y gobierno de la Isla al General John R. Brooke, quien lo recibió a nombre de los Estados Unidos. En Diciembre de 1899 el General Leonard Wood sustituyó al General John R. Brooke como Gobernador de la Isla, formando un gabinete de gobierno en el que sirvieron varios distinguidos Cubanos como jefes de los diversos departamentos estatales.

Enrique José Varona, Secretario de Instrucción Pública;
Diego Tamayo y Tejera, Secretario de Estado y de Gobierno;
Miguel Gener, Secretario de Justicia;
Leopoldo Cancio Luna, Secretario de Finanzas;
José R. Villalón, Secretario de Obras Públicas;
Perfecto Lacoste y Grave de Peralta, Secretario de Agricultura;
Luis Estévez Romero, Secretario de Justicia.

El propósito de la intervención no fue hacer fortuna... pero...

Desde 1896, a medida que el ejército invasor Cubano procedía hacia el Oeste destruyendo propiedades azucareras, numerosos inversionistas Norteamericanos comenzaron a adquirir propiedades arruinadas por la tea de los Mambises. Al final de la guerra, por supuesto, las inversiones aumentaron.

«*Los Españoles quieren vender porque se quieren marchar de Cuba; los Cubanos tienen que vender porque carecen de recursos para mantener las propiedades.*»

En Septiembre de 1898 en Cuba se estableció la *Island of Cuba Real Estate Company*, para adquirir propiedades azucareras arruinadas. En 1899 se registró la *Cuban-American Sugar Company*, cuya primera compra fue el *Central Chaparra* y 70,000 acres de de azúcar en Puerto Padre. A eso le siguieron 7,000 acres en los alrededores del *Central Tinguaro*, otras tantas en el *Central Mercedita* en las afueras de Cabañas y la única refinería que quedaba en Cárdenas. La *United Fruit* adquirió 200,000 acres en los alrededores de la bahía de Nipe. Un grupo de Filadelfia adquirió el *Central Francisco* al sur de Camagüey. De igual forma y con los mismos propósitos y antes de terminar la guerra se organizaron la *Cuba Company* y la *American Sugar Company*.

Todo esto dio lugar a una vigorosa reconstitución de la industria azucarera. Cuando *Chaparra* comenzó sus operaciones, por ejemplo, inauguró el central azucarero más grande que jamás se había visto en la isla. En 1902, al concluir la ocupación Norteamericana, había en Cuba 223 centrales en funcionamiento, de los cuales 55 eran de propiedad Norteamericana.

Los fuertes nuevos intereses Norteamericanos en Cuba parecían indicar la inevitabilidad de una anexión de la isla. En el *Bureau of Insular Affairs* del Congreso se oyeron argumentos como... «*Primero se hace una unión comercial y lo demás sigue solo... la falta de visión de los gobernantes Americanos los hizo aprobar el la Enmienda Teller, eliminando una posible anexión a los EEUU. Ahora no queda otro recurso que esperar que un gobierno Cubano se acerque a los EEUU suplicando la anexión sin condiciones.*»

La bandera Norteamericana se alza en al edificio de gobierno de Santiago de Cuba.

Pronto hubo problemas entre Cubanos y Norteamericanos

La terminación de las hostilidades en Cuba y la firma del Tratado de París significó el final de las acciones armadas, pero no el final de intensas rivalidades. Bajo una superficie de cordialidad, muchos asuntos importantes quedaron por resolver:

Uno de los más importantes fue el desprecio de muchos oficiales Norteamericanos hacia sus aliados Mambises. *The New York Tribune* y *The New York Evening Post* reportaron desde Oriente frases en boca de oficiales Norteamericanos como «*... treacherous, lying, cowardly, thieving half-bread mongrels, a pack of wingless vultures, menial fetiches product of darkest Africa and aboriginal America...*» (... traicioneros, mentirosos, cobardes, ladrones, mestizos, una manada de buitres sin alas, fetiches serviles producto del África oscura y la América aborigen ...)

Otro asunto importante era el esfuerzo Español de lograr que Cuba no fuera independiente sino una colonia de los EEUU. Así lo expresó el *Duque de Almodóvar del Río*, Ministro de Estado Español, en una nota el 28 de Julio de 1898 al embajador de España en París: «*... Se halla España dispuesta a aceptar la solución que plazca a los Estados Unidos, independencia, protectorado o anexión a la República Norteamericana; prefiriendo la anexión definitiva porque mejor garantiza la seguridad de vidas y haciendas de los Españoles que permanecen en Cuba.*»

El resultado fue la exclusión de representantes Cubanos en las negociaciones de rendimiento de Santiago de Cuba, la prohibición de la entrada de Calixto García y sus tropas en Santiago (bajo la excusa de evitar masacres de Españoles y saqueos de sus propiedades) y finalmente la negativa de incluir a Cubanos en la nueva administración de la ciudad y mantener en sus puestos a los funcionarios Españoles que habían servido durante la colonia. El 17 de Julio, el General Calixto García, dadas esas circunstancias, le presentó su renuncia a Máximo Gómez: «*No estoy dispuesto a continuar obedeciendo las órdenes ni cooperar con el ejército Norteamericano. Estoy animando a los hombres que comandaba para que continúen la guerra...*"»

Dos caricaturas publicadas en *El Heraldo de Madrid* y *El Imparcial* en 1898. A la izquierda Cuba rechaza el interés de de los EEUU de acercarse a ella; a la derecha, el león Español contemplaba desde Cuba, en silencio, a un cerdo Norteamericano que le grita desde los EEUU...

¿Qué pensaron los Españoles sobre la Intervención Americana?

La reacción Española a la declaración de guerra por parte de los EEUU fue un nacionalismo ciego e histérico que fue apoyado a todo lo largo de España por manifestaciones callejeras de las clases medias que gritaban: *«¡A Nueva York!»* La prensa invocó una y otra vez los argumentos de honor, patria, hidalguía, heroísmo... En los salones, bares y parques, el público clamaba por declarar la guerra a los Yanquis, a quienes los dibujantes satíricos de los periódicos comenzaron a representar en forma de cerdos (la *"cerdolización de nuestro enemigo,"* declaró un periodista de *El Imparcial*...). La publicación de ingeniosos versos satíricos fue una secuela inevitable, tan de moda en la literatura Española de la época:

> *Si de insultos y vilezas / os parece que ya basta / y en el campo del honor / queréis esgrimir las armas, / elegid con la ocasión / las armas que más os plazcan, / y con sable o con cañón, / en tierra o sobre las aguas, / luchad si tenéis coraje, / lidiad si tenéis entraña, / y veréis, cerdos inmundos, / bellacos con forma humana, / en vuestra sangre cerdil, / flotar los hijos de España.*

El *Heraldo de Madrid*, se atrevió a declarar en un editorial de 1898 su opinión sobre el enemigo:

> *«Los Americanos son bárbaros que no salen esta vez ni de las abrasadoras arenas del Mediodía ni de los hielos del Norte, ni vienen desnudos como los Teutones o envueltos en pieles de pantera como los Cimbrios. Estos bárbaros han salido de Occidente, van montados en grandes máquinas de vapor, armados de electricidad y disfrazados de Europeos. Como todas las tribus bárbaras, no tienen más ideal que la codicia, ni más código que los desenfrenos de su voluntad. Atila supo oír la voz de León X; León XIII no ha logrado ser oído por los vándalos del siglo XX.»*

Tomado del *Heraldo de Madrid* en 1898: Una caricatura con la bandera Estadounidense grabada en el lomo de un cerdo, criticando a EEUU como una nación codiciosa y desalmada.

Después de la guerra, un serio Cambiar de Casaca

La actitud Cubana hacia los EEUU cambió de positiva [Máximo Gómez invitando a EEUU a entrar en la Guerra del 95 y Calixto García ayudando las tropas Americanas a desembarcar en Cuba], a negativa [un antiamericanismo que duró toda la primera parte del Siglo XX].

En el sentir Español ocurrió exactamente lo inverso.

La guerra de 1898 provocó inicialmente una explosión anti-Americana en la sociedad Española. Los círculos tradicionalistas Españoles pusieron su empeño en desacreditar a los EEUU por colaborar con la Guerra de la Independencia Cubana de 1895. Todos lo hicieron, periodistas, intelectuales, estudiantes, políticos, militares y sacerdotes, es decir, los sectores más formados y activos de la península.

Muchas de las expresiones de la prensa exacerbaron las pasiones: «*El honor, que para los Españoles es lo supremo, es un espantajo para los egoístas descendientes de los pobres y austeros puritanos....*»

Inclusive Pio Grullón, Ministro de Estado en el 98, declaró al *Heraldo de Madrid*: «*Esclavos nosotros del honor, no hay interés ni ventura que no le sacrifiquemos; idólatras ellos del becerro de oro, no hay dique para su rapiña, ni decoro en su política de lucro.*»

Ya comenzada la guerra, la prensa Madrileña se desquitaba diciendo: «*Los cruceros yanquis y sus acorazados, moviéndose de un lado a otro como chulos que guardan la calle, sus dólares derrochados a manos llenas para comprar seguridad; su escandalosa publicidad, pagada a tanto la línea, puede ser de mucho efecto moral en las escuelas de niños en Nueva York, pero en las naciones serias no lo es. Marina con Marina, la nuestra está por bajo en número y armas de guerra, pero Marinos con Marinos, estamos a cien codos sobre ellos.*»

Las clases populares Españolas, sin embargo, no participaron de este intenso anti-Americanismo o al menos lo asumieron de forma pasiva y distante. Sólo deseaban que el conflicto terminara cuanto antes y con el menor costo humano posible.

Una vez terminada la *Guerra Hispano-Cubano-Americana*, los mismos sectores de España que tan impiadosamente atacaron a los EEUU se volvieron pro-Americanos, por el rencor que tuvieron contra los Cubanos, y quizás también para asegurar que los Norteamericanos, ahora al mando en Cuba, les protegieran sus vidas e inversiones.

El interior de una vivienda humilde Madrileña en 1895, no muy distinta a las de La Habana o las de otras capitales de la América Hispana.

En 1898, España ya había dejado de ser un país próspero

La España de finales del siglo XIX era en si toda una contradicción. Cerca del 65% de la población adulta era analfabeta; el salario mínimo diario estaba entonces entre 2.50 y 3.50 pesetas *[entre US$14.50 y 20.25* **diarios** *en dólares de 2018]*. El horario de trabajo durante seis días a la semana superaba las diez o doce horas diarias y no estaba legislado el descanso dominical. En las ciudades más grandes el transporte se limitaba a la circulación de carros y tranvías tirados por animales, aunque en las grandes capitales algunos funcionaban con vapor. No fue sino hasta el otoño de 1898 que habían empezado a circular tranvías eléctricos. La luz eléctrica no era habitual en las todas las casas; en invierno, aun en Madrid, los apartamentos se calentaban con braseros y chimeneas. Había escasamente 15,000 teléfonos instalados en todo el territorio Español.

No es exageración decir que comprar el periódico diariamente suponía un auténtico lujo para la mayor parte de los Españoles. El sensacionalismo con que fueron tratados por la prensa los sucesos de 1898 causó que se formaran largas multitudes en las vidrieras de los periódicos a partir de 1895. Después de derrotada España en la guerra de Cuba la decepción con la prensa llevó a una crisis que, aunque transitoria, acabó con periódicos tan sólidos como *La Correspondencia de España* y *El Imparcial*, que cerraron sus puertas y nunca lograron a recuperarse.

La guerra trajo sin embargo el éxito de la prensa gráfica; los rotograbados alcanzaron en esos años una de las etapas más brillantes de su historia con revistas como *La Ilustración Española y Americana*, luego desplazada por *Blanco y Negro*, mucho más moderna y dinámica, y finalmente ambas rindiendo el paso a la revista *Nuevo Mundo*.

Arriba, fotos de los principales intelectuales de la *Generación del 98*.

En 1898, para España, Decadencia y Angustia Existencial

Lo que pasó a la Historia como *"Desastre del 98"*, generó en España una sensación de humillación y derrota que marcaría profundamente las siguientes generaciones. La derrota puso súbitamente al descubierto las enormes insuficiencias del régimen político de la *Restauración* [llamado así porque reinstauró la monarquía, tras la *Primera República Española*] y su incapacidad para enfrentar los graves problemas sociales que azotaban a España. La necesidad de modernización y democratización del país se convirtió en un clamor progresivo que finalmente conseguiría triunfar en 1931, con la implantación de la *Segunda República* (1931-1939). En el campo político-militar, la pérdida de las colonias en América y Asia desvió los esfuerzos colonialistas Españoles hacia África, estableciendo un protectorado sobre el Norte de Marruecos, que con el tiempo daría lugar a nuevas y sangrientas guerras. Para mitigar la humillación del desastre, la prensa dio una relevancia propagandística exagerada a los *Últimos de Filipinas*, el destacamento Español aislado que resistió en el pueblecito filipino de *Baler* durante un año.

Para Cuba la añorada independencia se transformó en un protectorado por parte de los EEUU. La *Enmienda Platt* le dio el derecho de intervenir en la isla cuando considerara necesario, lo cual hicieron, en 1906. A pesar de lo inseguro de su soberanía, los Cubanos eligieron en 1901 su primer presidente, Don Tomás Estrada Palma. Todos, Norteamericanos y Cubanos, sabían que en Cuba no había experiencia política ni políticos de comprobados conocimientos y honradez administrativa. Nadie sospechó, sin embargo, que con el paso de unos pocos años Cuba se convertiría en una especie de paraíso del juego y la corrupción, cuando la mafia Cubano-Norteamericana-Italoamericana llegó a campar a sus anchas. Mucho menos sospecharon que el futuro de Cuba era transmutarse en un país gobernado por una dictadura comunista.

Primer Gabinete Ministerial de Cuba bajo la bandera de EEUU
Domingo Méndez Capote, Secretario de Estado y Gobernación;
José Antonio González Lanuza, Justicia e Instrucción Pública;
Pablo Desvernine, Hacienda; *Adolfo Sáenz Yánez*, Agricultura, Comercio, Industria y Obras Públicas.

El Control Norteamericano no se hizo esperar

Una vez las tropas Españolas terminaron de salir de Cuba, el ejército Norteamericano destacó 45,000 de sus tropas en la isla bajo el mando del General John A. Brooke como Comandante del gobierno militar. El 1º de Enero de 1899 Brooke sustituyó oficialmente en La Habana al Teniente *General Adolfo Jiménez Castellanos y Tapia*, último Gobernador General Español, que en ese día cesaba en sus funciones. Jiménez Castellanos partió dos semanas después desde Matanzas con su esposa Camagüeyana y sus seis hijos nacidos en Cuba.

Entre los malentendidos iniciales se les negó a los Cubanos el privilegio de que sus tropas entraran marchando en la capital. Los Cubanos se quejaron de esa arbitrariedad Estadounidense y los Estadounidenses se quejaron por la falta de gratitud de los Cubanos.

Brooke comenzó inmediatamente a familiarizarse con su nuevo cargo. Los Cubanos estaban en una condición lamentable tras haber sufrido tres años de la guerra de independencia. Un tercio eran negros, lo cual mermó los sentimientos los norteños Americanos de convertir a Cuba en un estado de la unión o incluso de anexarla.

Las primeras medidas del gobierno de Brooke consistieron en nombrar un gabinete con Ministros Cubanos. Los cuerpos de la policía y los guardias rurales fueron restaurados. En cada provincia se nombró un gobernador Cubano y un General Estadounidense como máximas autoridades. La franquicia de los gobiernos municipales fue restaurada, con disposiciones que les daban bastante latitud en sus decisiones. Los EEUU tomaron el control de la aduana, la principal fuente de ingresos, el servicio postal nacional y las dependencias de saneamiento y salud. El área de educación fue compartida por responsables Americanos y Cubanos.

A la izquierda, *John McCullagh*, el ex Jefe de Policía de New York que organizó la Policía de La Habana en 1899; a la derecha, la fuerza policíaca Habanera en maniobras en el Prado en 1899.

¡Sorpresa! No había Policías en La Habana

En 1898, la ciudad de La Habana no tenía una fuerza policíaca creíble. La nómina de la *"Policía Municipal de La Habana"* tenía 1,800 hombres alistados, pero todo era una farsa. De esos, 300 habían sido nombrados por el Consejo Municipal para cumplir las ordenanzas de la ciudad, sin consideraciones de habilidad o experiencia; 300 habían sido nombrados por las Autoridades Provinciales de La Habana y 1,200 eran realmente soldados asignados al Alcalde de La Habana. En casos de arrestos por felonía, esos 1,800 hombres tenían solamente la responsabilidad de entregar los delincuentes a las autoridades superiores.

El policía que hacía el arresto llevaba al delincuente ante su Capitán, cuya oficina estaba en su residencia personal. El Capitán lo confinaba a ser detenido y enviaba el caso a un magistrado. Como no había cuarteles, todos los prisioneros eran llevados al *vivac*, la cárcel temporal de la ciudad. Se hacía un registro del arresto, y eso era todo con respecto a registros policiales. No se rastreaban los antecedentes de esos delincuentes y una vez un delincuente era enviado al *vivac* desaparecía del sistema sin un lugar preciso donde se registraran las circunstancias de su arresto. Con cierto retraso el delincuente se enfrentaba a un magistrado.

Había doce magistrados, seis de los cuales eran *"Jueces de Primera Instancia"*. El salario de esos era $ 5,000 pesetas anuales cada uno, y podían adjudicar delitos graves. Los otros seis jueces no recibían sueldos, y veían casos de delitos menores. Todos ellos, simplemente, vivían del chantaje y el robo. Los prisioneros que tenían dinero nunca iban a la cárcel para quedarse por mucho tiempo.

Para corregir todas estas deficiencias, el Gobernador Militar de Cuba, durante los primeros días de la ocupación Estadounidense, trajo a La Habana a *John McCullagh*, un ex-Jefe de Policía de la ciudad de New York.

La reputación de McCullagh era ser excelente como policía, diestro y severo a la hora de disciplinar, muy experimentado en el control de grandes cuerpos policíacos. Llegó a La Habana en Febrero de 1899.

Cuatro días después de su llegada, McCullagh tenía un plan completo y detallado para la nueva policía de La Habana. Dividió la ciudad en seis distritos de inspección y doce recintos. Recomendó que se establecieran 360 postas nocturnas y 180 para el día. Dividió la fuerza que a su juicio era necesaria de la siguiente manera: 1 Jefe, 1 Vicejefe, 8 Inspectores, 12 Capitanes, 48 Tenien-tes, 834 Patrulleros, 10 Sargentos de Detectives, 14 Detectives, 12 Detectives de distrito y 12 sustitutos. De los Patrulleros, 100 iban a ser Montados para el servicio en los suburbios. La fuerza consistiría de aproximadamente 1,000 hombres.

También sugirió la siguiente escala de sueldos: Jefe de la Policía, $ 4,000; Vicejefe, $ 2,000; Inspectores, $ 1,800; Capitanes, $ 115 por mes; Tenientes, $ 90 por mes; Sargentos, $ 65 por mes; Patrulleros, $ 50 por mes. *[Un salario anual de $ 4,000 para el Jefe de la Policía en 1898 era equivalente a $ 116,000 en 2018.]*

Tras la recomendación de McCullagh, se enviaron órdenes de compra a Nueva York para obtener escudos, cinturones, dos tipos de palos de policía para la fuerzas de día y de noche, borlas, coronas, emblemas, números y demás parafernalia. El gobierno de los Estados Unidos acordó suministrar pistolas sin cargo alguno.

Sorprendentemente, no había en 1899 un mapa preciso de distancias en la ciudad de La Habana. Un ingeniero civil que anteriormente había medido algunas calles de La Habana fue nombrado Teniente de Policía y se le asignó la tarea de medir todas las calles de la ciudad. A fines de Mayo de 1899, la flamante Policía de La Habana comenzó a trabajar. El General *Mario Menocal*, ex miembro del ejército insurgente, fue nombrado primer Jefe de la Policía de La Habana.

Al principio, la población se negó a tomar en serio a los policías. Hubo numerosos disturbios, y algunos policías fueron atacados. Hubo varios enfrentamientos entre policías y soldados fuera de servicio. El general Menocal no dio la talla y en unas pocas semanas fue reemplazado. Poco a poco, la fuerza policial se ganó el respeto del público. Para mediados del verano la fuerza estaba en pleno estado de funcionamiento. Considerando la falta de experiencia en trabajos policiacos y la falta de tradiciones policiales propias en La Habana, los trabajos de McCullagh fueron excepcionales.

Dos miembros de las fuerzas policíacas de La Habana en 1899

Los primeros empleos para Mambises fueron en la Policía

En los primeros meses 1899, el Cónsul Fitzhugh Lee recomendó que «... *La sustitución del personal Español empleado en las esferas públicas debe planearse y hacerse de manera gradual, abriendo espacios que en principio deben ser cubiertos por aspirantes Cubanos, especialmente aquellos vinculados al movimiento independentista, o manifiestamente simpatizantes del mismo...*»

Desafortunadamente los hechos no se produjeron así en el caso de policías y guardias civiles. Ésas posiciones eran plazas en las que los nativos de la isla habían siempre sido discriminados. En 1898, por una razón u otra, numerosos vigilantes Españoles fueron ratificados en los cuerpos de policía organizados por los Norteamericanos. Desde la óptica del independentismo post-bélico, tales policías fueron considerados como usurpadores y representantes del poder derrocado. Al mismo tiempo fueron disputados de su condición Española. Varios lectores del *Diario de la Marina*, en una carta a los editores declararon «... *los antiguos policías que han seguido en sus puestos después de abandonar España su soberanía en esta Isla, deben ser considerados como viles extranjeros mercenarios y deben ser privados de su nacionalidad por parte del Estado Español.*»

Cuando los Cubanos finalmente comenzaron a ocupar los empleos y trabajos en la administración pública, los Españoles que quedaron en Cuba, tanto civiles como ex-militares, fueron preferentemente empleados por empresarios Españoles, que fueron siempre una mayoría en Cuba. Como es natural, los Centros Regionales de La Habana y los Casinos y Colonias Españoles del interior del país, con sus vastas y poderosas redes de conexión y ayuda mutua, comenzaron a facilitarle empleos a los Españoles desplazados.

Esta vez, para sorpresa de todos, el *Diario de la Marina* comentó: «... *no es justo que mientras los jornaleros Cubanos están sintiendo los horrores de la miseria, las cuadrillas de barrenderos de calles han sido formadas por Españoles inmigrantes sacados deliberada y posiblemente de Triscornia para ganar un jornal al que tienen mayor derecho los humildes ciudadanos nativos de la República...*»

Una foto publicada en el periódico Cubano-Americano *La Lucha*, mostrando los restos del *Central Tuinicú*, cerca de Sancti Spíritus. Tuinicú fue uno de los centrales cuyas plantaciones de caña de azúcar fueron quemadas en su totalidad por los insurgentes Cubanos

El azúcar era el secreto para la prosperidad Cubana

De particular interés para las autoridades en Cuba durante la ocupación Estadounidense fue el estado presente y las perspectivas futuras de la industria azucarera. El cese total del comercio Cubano durante la guerra con España fue causado en gran parte por la ruina casi completa de la industria azucarera de la isla. Con la excepción del tabaco, cualquier otra fuente de riqueza era menos importante que el azúcar. La caña de azúcar no era nativa en la isla, pero no había lugar en todo el mundo donde la caña prosperara mejor y con resultados más satisfactorios que en Cuba.

Cuando la isla se convirtió en un teatro de guerra, el conflicto se convirtió de un lado un esfuerzo de los productores por salvar las plantaciones de azúcar y las centrales y mantenerlos en funcionamiento, y del otro lado, los esfuerzos de Españoles y Mambises para destruirlos. Un pueblo destruido podría reconstruirse fácilmente, la naturaleza Cubana era pródiga con materias primas para fabricar cabañas y casas. Salvo la visión de viudas y niños hambrientos, el espectáculo más deplorable en Cuba después de la guerra fue la maquinaria retorcida en las ruinas carbonizadas de un molino de azúcar quemado. Sin azúcar, las perspectivas de prosperidad en Cuba eran sombrías.

Una refinería de azúcar resulta ser un juguete muy caro si no hay una coordinación estrecha entre las partes manufacturera y agrícola. El azúcar es un negocio donde la materia prima [la caña de azúcar] se deteriora rápidamente si no se procesa inmediatamente. [pasada por un molino para extraer el jugo]. Cualquier ingenio azucarero en Cuba recibía parte de su suministro de caña de lejanos sembrados, a veces hasta una distancia de cincuenta millas. Para asegurar y transportar la caña, se requería un control estricto de las tierras productoras de caña, lo cual se perdió durante la guerra.

Era sumamente complicado y delicado administrar uno de esos inmensos ingenios azucareros de Cuba. El valor del ingenio era generalmente de tres a cinco millones de dólares, sin incluir el capital de operación. *[US $ 90 a 160 millones en dinero de 2018]*. Además de eso, había costos de reparación, gigantescos talleres mecánicos en cada propiedad, y administrar y mantener de 50 a 60 millas de ferrocarriles privados.

Solo una fuerte inyección de capital Norteamericano podía resucitar la industria Cubana después de la guerra. Eso vino con la ocupación.

Tres Generales Norteamericanos comprometidos con la reconstrucción de Cuba en 1898: *John Brooke*, Gobernador Militar de Cuba, *Hugh L. Scott*, su brazo derecho y *Elihu Root*, Secretado de Estado de los Estados Unidos.

Los primeros en decir... "Sin Azúcar no hay País"

Si los Mambises pensaban que el camino eficaz hacia la independencia era la destrucción de la economía colonial, los EEUU reconocieron que la estabilidad de Cuba y su futuro económico, político y social dependía de rehabilitar la industria azucarera.

En Cuba ese sentir fue compartido por los Cubanos anexionistas, los empresarios Españoles y los hombres de negocio en general, así como por los criollos que veían la ocupación Americana como un estado temporal en el camino a la ansiada independencia total.

Para los EEUU la restauración de la economía era la clave para reintegrar las clases propietarias y educadas a posiciones de liderazgo en la isla, que en definitiva era un territorio desconocido para los Americanos. La decisión fue clara: «*...prestar inmediata atención a todas las necesidades de los colonos y empresarios azucareros...*»

En Matanzas, por ejemplo, el General James Wilson, gobernador militar, conminó a las fuentes de capital a extender créditos liberales a todos los que poseían propiedades dañadas por la guerra, particularmente si estaban destinados a reparaciones o reemplazo de equipos y talleres. En La Habana, el Gobernador General Brooke consiguió de Elihu Root, Secretario de Defensa en la época de McKinley y Secretario de Estado con Roosevelt, la eliminación de tarifas y aranceles para las exportaciones de azúcar y tabaco desde Cuba, así como la reducción de impuestos a un 5% para las empresas Americanas que exportaran a Cuba equipo industrial y ferroviario. Brooke, por otra parte, ilegalizó los paros y huelgas que afectaran las industrias bajo reconstrucción. La clase obrera asintió a regañadientes.

En palabras del General Hugh L. Scott, brazo derecho de Brooke: «*La política oficial de ahora en adelante es dar prioridad y la mayor seguridad y protección a los empresarios azucareros y otros que trabajan en la reconstrucción de la economía Cubana...*»

El *Central Conchita*, en Alacranes, Matanzas, habiendo sido propiedad de Domingo Aldama en 1856 y de José López Rodríguez (Pote) en 1881, fue destrozado por la guerra en 1896 y reconstruido totalmente gracias a la banca Americana durante la ocupación de Cuba en 1899. La foto fue tomada en 1902.

La banca Americana entró en acción financiando el azúcar

Una excelente idea de la situación de la industria azucarera en Cuba al final de la guerra puede apreciarse en palabras del General James Harrison Wilson, General de División de los Voluntarios de los Estados Unidos en Cuba y (comenzando el 17 de Abril de 1899), Jefe del Departamento de Matanzas y Santa Clara, Cuba. Estas son parte de las notas de su viaje en Enero de 1899 a través de la provincia de Matanzas.

El general Wilson visitó el *Central Victoria*, en Calabazar, cerca de Santa Clara; mientras observaba la planta, hizo muchas indagaciones sobre las oportunidades para que los Estadounidenses cultivaran caña de azúcar en Cuba. Al preguntarle sobre el costo de la tierra al Sr. Mendoza, un propietario de tierras cerca de Calabazar, este respondió:

> "*He comprado 80 caballerías a US$ 100 cada una. [US $ 100 en 1899 era equivalente a US $ 2,895 en dólares de 2018]. (una caballería = treinta y tres acres). Los Estadounidenses tendrían que pagar por buena tierra, digamos, US$ 150 por caballería, o aproximadamente cinco dólares por acre. Este año, una de esas caballerías rendirá alrededor de 70,000 o 80,000 arrobas de azúcar, el próximo año un 20% menos, y el año siguiente un 20% menos. Tengo que replantar unas cuarenta o cincuenta caballerías cada año para reemplazar las cañas que se están degradando. Me atrevo a decir que futuro de Cuba sería mucho mejor bajo el gobierno Estadounidense.*»

El Sr. Antonio Freyre, propietario de la finca *Conchita*, cerca de Alacranes, Matanzas, expresó una opinión similar al General Wilson. El ingenio *Conchita* tenía un área de tierras de cultivo de azúcar de veinte millas de largo por diez millas de ancho. Era conocido que esa finca estaba entre las mejores de Cuba.

> «Tuve que gastar $ 50,000 el año pasado para bueyes, y este año gastaré la misma cantidad. Nuestro estado azucarero necesita al menos 900 cabezas de ganado adicionales. Estoy comprando ganado de México, particularmente animales que tienen cinco años de edad. Después de que los bueyes estén aclimatados, tienen que ser entrenados. Considero que vale la pena si hay estabilidad en Cuba ... como ahora lo proporciona el gobierno de Estados Unidos.»

Entre otras propiedades azucareras también visitadas por el general Wilson estaba la *Hacienda Occitania*, propiedad de la familia Himely de Nueva York. Eu gerente era Sr. William Himely, copropietario. Estas fueron sus palabras al general Wilson ...

> «Tengo suficiente caña para nuestra capacidad de molienda. La gran dificultad es conseguir suficiente financiamiento... Tengo solo unas treinta yuntas de bueyes, y empleo unos seiscientos hombres. El Ingenio se inició en 1847 y hubo solo un año en que dejó de moler... Los capitalistas nativos tuvieron muchos temores de hacer adelantos de capital a las haciendas azucareras durante la guerra porque temían que las propiedades iban a ser destruidas. Terminada la guerra, todavía son reacios a hacer préstamos o invertir su dinero como capital de trabajo de las fincas, debido a la incertidumbre sobre el futuro político de la isla. Por suerte contamos con bancos Norteamericanos con un mayor sentido del riesgo"

Dos fotos el *Central Victoria*, cerca de Calabazar en Las Villas. A la izquierda, en una foto de 1897, la casa de balanzas para pesar las cañas, que eran transportadas por carretas de bueyes. A la derecha el moderno ferrocarril del *Central Victoria* unos años después, en 1901, llevando una gran cantidad de cañas a la central.

El 10 de Junio de 1896, el vapor *Seguaranía* atracó en Sacramento, California con un cargamento procedente de La Habana que consistía de 1,200 grandes bultos y 12 barriles llenos de hojas de tabaco Cubano. Fue el último embarque debido a la prohibición de exportaciones de tabaco dictadas por el Capitán General Valeriano Weyler. En 1899, tres años después, esa prohibición fue eliminada. En ese año Cuba exportó a los EEUU 4.4 Billones de cigarrillos, a pesar de una seria tarifa del 200% establecida por la tesorería Americana. La casa Americana más poderosa de cigarrillos era *Buck Duke*, fundada por James Buchanan Duke, fundador también de *Duke University* en North Carolina.

El tabaco no necesitó ninguna ayuda durante la ocupación

La industria de segunda importancia en Cuba, después del azúcar, era la del tabaco. Su producción ascendía a muchos millones de dólares al año y más de 100 mil personas dependían de ella en una forma u otra. Debido a una peculiar combinación de suelo y clima, Cuba era el mejor de los países productores de tabaco del mundo, una posición que se mantuvo incluso durante la guerra. El sabor y aroma del tabaco Cubano nunca fue desafiado y nunca ha sido igualado en ninguna parte del mundo.

La industria tabacalera pasó por las mismas vicisitudes durante la guerra que la industria azucarera; excepto cuando los propietarios pagaban por su protección, las plantaciones fueron destruidas, primero por los Insurgentes y luego por las fuerzas Españolas, las casas de secado fueron quemadas y se destruyeron grandes cantidades de plantaciones de tabaco. Sin embargo, tan pronto llegó la paz, la industria comenzó a recuperarse rápidamente. En 1899 se recogió aproximadamente la mitad de la cosecha de 1896. Los precios fueron muy altos desde el comienzo del año, descendieron a niveles prácticos poco después de que la cosecha comenzara en Febrero y Marzo, y volvieron a subir tan pronto como hubo evidencia de que en el año 1900 no iba a haber guerra. La demanda mundial se triplicó en 1901 y los tabacaleros Cubanos se enriquecieron.

Grandes cantidades de tabaco fueron almacenadas en 1897, de modo que cuando llegó la paz, la industria de la fabricación de cigarros en las cien o más fábricas de La Habana comenzó a florecer. Si alguna vez hubo una industria que no necesitaba capital Estadounidense para sobrevivir a la guerra en Cuba y progresar, fue la del tabaco. Todas las fábricas funcionaban a principios de 1899, y los salarios variaban de tres a cuatro dólares al día. Solo a esa industria se le podía atribuir la aparente condición próspera de La Habana casi tan pronto como llegó la paz.

La industria tabacalera siempre ha tenido suerte en tiempos de guerra. La razón es muy sencilla: las plantas de tabaco se siembran en Octubre, Noviembre y Diciembre y la cosecha comienza en Marzo, tres meses más tarde. En la industria azucarera no se puede cosechar hasta casi dieciocho meses después de sembrar.

Hay un beneficio inmenso en una plantación de tabaco bien dirigida. Muchos de los propietarios tenían un beneficio anual de un 50% de la inversión, es decir, del costo agrícola. Los propietarios de las fábricas grandes de La Habana eran propietarios de las tierra de tabaco o las controlaban a través acuerdos con sus dueños. Un hombre con una familia de tamaño normal era capaz de cuidar de tres a cuatro acres de tabaco y producir en tres meses alrededor de $ 1,000 en hojas con un costo total de $ 175 dólares. *[Una ganancia equivalente a US$ 24,000 en 2018]*

El pago a trabajadores expertos era $3 dólares por día en 1899, probablemente debido a la escasez de obreros; el costo de la mano de obra ordinaria era $1 dólar por día. Un hombre que poseía treinta acres de tierra para cultivar tabaco en Pinar del Río, por ejemplo, podría ganar alrededor de $ 4,000 por año fácilmente. *[US$ 116,000 en 2018]*

Una hoja madura lista para ser convertida en cigarro se vendía en 1900 por US$ 0.30 centavos. Era costumbre permitir que cada trabajador experto en tabaco en Cuba hiciera de cinco a diez tabacos al día para su consumo personal utilizando las hojas con que estaba trabajando, evidentemente un beneficio muy costoso para los dueños. Los salarios de los hombres eran desde $ 20 a $ 35 por semana. Antes de la guerra, la cosecha anual de tabaco Cubano era de 600,000 pacos de 100 libras cada uno. Alrededor de dos quintas partes se usaban en La Habana en tabacos (cigarros) y cigarrillos, y las otras tres quintas partes se exportaban. La cosecha de 1899 produjo 300,000 pacas, una cantidad menor no por falta de fondos sino por la escasez de mano de obra.

Obreros especializados cortando hojas de tabaco en una plantación. Cuando las plantas alcanzaban una cierta altura, las hojas y la parte final del tallo se cortaban, dejando solamente unas 10 o 12 hojas en la planta. Los hombres que hacían esta delicada operación ganaban fácilmente US$ 3 dólares diarios *[el equivalente en 2018 de US$ 90 dólares diarios.]*

El Parque Central de La Habana y el interior del Teatro Tacón en 1899.

Cuba no dejó de ser Cuba durante la ocupación

Por otra parte, no todo era sudor y trabajo en la Cuba que acababa de recibir la ocupación Norteamericana. Un buen ejemplo es la descripción que envió a New York *Stephen Crane*, una gran figura del periodismo Estadounidense de la época que, a la edad de 27 años, reportó al *New York Times* sobre su visita a La Habana en Marzo de 1899.

> «Cualquiera que fuera el resultado final de la ocupación militar de la isla de Cuba, ya sea la independencia completa de la isla o la anexión de alguna forma a los Estados Unidos, los primeros sesenta días de esa ocupación siempre han sido muy interesantes e importantes. Durante los primeros dos meses de la estadía del ejército Estadounidense en la isla, con el propósito declarado de pacificar el país y establecer un gobierno estable para el pueblo de Cuba, se puso en funcionamiento una vasta y extensa maquinaria gubernamental. Implicó un enorme trabajo y gran tacto, paciencia, coraje y una astuta previsión empresarial.
>
> Cuba era una tierra maldecida por siglos de mal gobierno, corrupción, enfermedad e inmundicia; ese desgobierno se ejercía sobre un pueblo nervioso, volátil, educado y en todos los sentidos amable y entusiasta mentalmente, desde el más intelectual y refinado al más ignorante y brutal de los habitantes, como probablemente existe en cualquier parte del mundo. No es sino hasta que uno examina minuciosamente el trabajo que se estableció en esos primeros sesenta días que puede comprenderse a fondo el alcance del trabajo involucrado, y no hasta entonces puede apreciarse la devoción al deber de nuestros funcionarios Americanos, una devoción que requería un trabajo incesante por parte de cientos de hombres

noche tras noche. No puede exagerarse lo que ha significado y significará para la isla de Cuba en el futuro.

Desde el momento en que pisé el muelle de La Habana en una noche a principios de Febrero de 1899, no necesité pruebas visuales para saber donde estaba. Un olor cuya descripción no es necesaria, llegó a mis narices. Venía de una alcantarilla que corre directamente debajo de la Aduana, y que era uno de los agentes más mortales de infección en la ciudad.

Por otro lado, cuando llegué a mi hotel, las notas de un coro en La Traviata sonaron en el aire desde un teatro contiguo. Persiguiendo la música, salí a la acera y me di cuenta de que las avenidas en esa parte central de La Habana estaban llenas de Cubanos paseando. La ciudad parecía tener la alegría de un París y la actividad de un Londres. Una simple mirada mostraba que era frívola y feliz y que las cicatrices de la guerra, si las había, estaban ocultas.

Las calles eran intensamente interesantes para alguien como yo que acababa de llegar. Estaban alineadas con cafés en las aceras. Las multitudes pasaban arriba y abajo. Se podía captar el sonido de más Español que Inglés en el murmullo de las conversaciones. Era más que visible la presencia de cientos de hombres con el uniforme del ejército Estadounidense, sin embargo, y pronto las notas de una corneta daban señales a media docena de compañías de la Décima Infantería Regular que estaban en maniobras en el Paseo del Prado, directamente frente a mi hotel. Me han dicho que la ocupación de La Habana no ha sido comercial, como parecía al principio, sino estrictamente militar. Las voces de varios faquires en la calle llenaban el aire. Unos negros amistosos ofrecían "brillar" y "pulir" zapatos; en una puerta de un lado del gran teatro Tacón, un hombre uniformado gritaba a través de un megáfono monstruoso, en inglés, los méritos de un magnífico show en escena, advirtiendo que los niños no serían admitidos. Cerca de las puertas de la estación central de bomberos en el Parque Central, el público admiraba el moderno aparato contra incendios y sus elegantes caballos criollos. Era como para dibujarlo, una fuente constante de admiración y orgullo para los Cubanos."

La Habana nunca dejó a un lado su ambiente festivo.

El General Ludlow y el Palacio del Gobernador de La Habana en 1899.

No todo fue un paseo para los oficiales Norteamericanos

Durante los primeros meses de la ocupación Norteamericana no había lugar más concurrido en Cuba que el Palacio del Gobernador de La Habana, sede de la oficina del General Ludlow, Gobernador de la ciudad, en un hermoso edificio situado frente a la fortaleza de La Cabaña, con una espléndida vista del puerto y su angosta entrada.

William Ludlow, el más polifacético General Americano de su tiempo, era un oficial en el *Cuerpo de Ingenieros;* había visto acción en la *Guerra Civil*, las *Guerras Indígenas* y la *Guerra Hispano-Cubano-Norteamericana;* antes de retirarse dirigió una expedición científica examinando las maravillas naturales del *Parque Nacional de Yellowstone.*

Los pasillos del Palacio del Gobernador siempre estaban atestados de cientos de personas deseosas de una entrevista con Ludlow: oficiales del ejército, cazadores de fortuna, líderes sindicales, personas pobres que pedían comida, funcionarios municipales con sugerencias o quejas, amigos personales del General, sacerdotes y turistas y hasta los cientos de personas que buscaban pases para visitar el Castillo del Morro.

Ninguno parecía entender que al General Ludlow se le había confiado el problema más difícil de la ocupación Norteamericana: lanzar el retorno a la paz y la civilización en La Habana sin que sus habitantes se resintieran o se intimidaran por la presencia de las fuerzas de ocupación. Tanta era la demanda sobre su tiempo, que ocasionalmente el General se escondía del tumulto bajando por una estrecha y sinuosa escalera a una oficina exterior, acompañado de dos centinelas y un ayudante cuya tarea principal era mantener a los solicitantes lejos del General.

Ludlow no sólo cumplía con sus deberes militares como Gobernador de la ciudad, sino que también se sentía responsable de alimentar a los hambrientos; decidía como limpiar la ciudad por dentro y por fuera, diseñaba los nuevos sistemas de alcantarillado para la ciudad, formulaba como desmantelar el *Cuerpo de Voluntarios de La Habana* sin que se contrariaran, estudiaba el problema de la reforma tributaria y mantenía en movimiento la maquinaria municipal de la ciudad, esforzándose para que la ocupación militar de la ciudad no fuera ofensiva para la gente.

Bonifacio Byrne, autor de *Mi Bandera*, una poesía que caló hondo en la conciencia Cubana, porque representaba la ansiedad de todo un pueblo que había luchado por su libertad pero al alcanzarla la encontró sin soberanía.

Para los Cubanos, la restauración del país sonaba a poesía

En 1899 el poeta Matancero *Bonifacio Byrne* volvió a Cuba después de haber sido forzado con su familia al destierro en Tampa, en los EEUU, por haber publicado unos sonetos en ocasión del fusilamiento del también poeta Matancero Domingo Mejía. El 26 de Marzo de 1899 embarcó de regreso en el vapor *Mascotte*, llegando a la Habana el día 30. Ese mismo día compuso el poema *Mi Bandera*, publicado por primera vez el 5 de Mayo de 1899 en el periódico *Diario de Matanzas*.

Byrne quedó muy favorablemente impresionado al visitar La Habana. Compuso un popular soneto que comenzaba, «...*la luz del sol de la prosperidad atraviesa las nubes en Cuba...*» A su madre en Tampa le escribió unas bellas líneas contándole lo que vio en Cuba después de los años de agonía en las luchas por la independencia.

> «*Uno puede ver en la distancia, especialmente en Pinar del Río y Matanzas, el humo de numerosos carboneros. Estos pilares de humo han tomado el lugar del humo de la guerra. En las estaciones de ferrocarril, niños y mujeres extienden sus manos en silenciosos llamados a la caridad, pero eso es una gran mejora comparado con las escenas de entierros de cientos y miles a causa del hambre. Aquí y allá, a través del manto de devastación propagado por la guerra, los cultivos están brotando.*
>
> *En Santa Clara, y en el distrito que rodea la ciudad de Pinar del Río, centro de la industria del tabaco, las estaciones de ferrocarril y los puentes fueron destruidos; allí los enredados restos de hierro retorcido y maderas carbonizadas de las fábricas de azúcar recuerdan los espectros descarnados de la guerra. Ahora se nota un cambio que augura un mayor progreso del que antes contemplábamos los Cubanos. El humo de una actividad comercial que ha retornado sale de las chimeneas de los centrales azucareros, sin necesidad de sobornar a Españoles o Cubanos para preservarlo de la destrucción. No hace ya falta una fuerza armada que proteja los centrales a enormes costos. No hay ya más derramamientos de sangre. En su lugar, en los apartaderos de carga, pueden verse las carretas de caña de azúcar, siendo su destino los molinos que las muelen.*»

Mujeres Cubanas de todas las edades vistas frecuentemente en las calles de Cuba en 1899

En medio de su tristeza, Cuba volvió a la normalidad

No había espectáculo más triste en Cuba en 1899 que ver las mujeres vestidas de negro. Tanto campesinas como las citadinas de aspecto refinado, en poblados, en pueblos pequeños y en las grandes ciudades. De una docena de mujeres en cualquier lugar Cubano, nueve estaban de luto. ¡Y sus rostros, tristes por el dolor y flacos de hambre, incluso meses después de que la guerra había terminado!

Pero había una mirada de esperanza en la mayoría de las viudas, una esperanza naciente. Las más jóvenes, desde principios del 1899, ya lucían alegres. Mientras uno recorría las calles se escuchaba ocasionalmente fragmentos de una canción que cantaban. Siempre, invariablemente, la misma canción. Era el *Himno Nacional Cubano*. ¿Cuál era el significado? Para los Norteamericanos atareados en los trabajos de reconstrucción la canción era intrigante por estar en tantas bocas y en todas partes. Saber de qué se trataba era tan misterioso como descubrir el significado de miles y miles de banderitas Cubanas que volaban desde chozas y mansiones por toda la isla. Para muchos Cubanos eran banderas que se compraban con el poco dinero que había para comprar pan.

Todo el mundo se daba cuenta, por todas partes, que los niños Cubanos estaban jugando de nuevo. Uno podía escuchar sus gritos por todas partes. En las calles y espacios abiertos se oía: *"Strike One", "Foul", "Double Play."* Los niños Cubanos jugaban al béisbol con furia, usando exclusivamente términos Estadounidenses. Los soldados Españoles nunca habían hecho caso a los niños. Los Estadounidenses los mimaban, jaraneando y jugando con ellos. Los adultos no sospechaban que *la pelota* iba a convertirse en el pasatiempo nacional.

Un viejo periodista del diario *La Discusión* tituló su artículo *«Los perros están ladrando nuevamente en Cuba.»* No encontró mejor forma de decir que Cuba estaba volviendo a la normalidad. Los adultos, sin embargo, no acababan de salir de un estado pasivo. No había crimen ni desorden. Cuba era como una persona restaurada a la conciencia después de estar en coma, pero con fuerzas apenas suficientes para moverse.

El periódico *La Lucha*, leído en toda Cuba en 1899, formador y pionero investigador de la opinión pública

En realidad, siempre fue difícil poner de acuerdo a los Cubanos

Desde la perspectiva de 1898, las opiniones de los Cubanos sobre el futuro político de Cuba fueron sustancialmente recogidas por el periódico *La Lucha*, un diario de orientación liberal autonomista fundado en 1883 y dirigido en 1899 por el periodista Antonio San Miguel. Escritores de primer orden como Enrique José Varona, Antonio Bachiller y Morales y Esteban Borrero escribían en *La Lucha* sobre temas literarios e históricos. *La Lucha* nutría sus prensas con cablegramas generados en Washington y Nueva York. El tema principal era lo que iba a pasar en Cuba al final de la ocupación Americana. En sus páginas editoriales, Antonio San Miguel analizó el pensamiento de los Cubanos sobre esos temas.

>*«Todas las personas de la clase pro-Española, los que simpatizaban con España y creyeron que ella derrotaría a los Mambises, quieren ahora que los EEUU retengan el control de la isla.*
>
>*Los mercaderes de la isla, casi sin excepción, quieren el control Estadounidense, porque solo de esa forma ven una garantía de estabilidad en el comercio y todas las esperanzas de un desarrollo completo de las posibilidades comerciales de la isla.*
>
>*Los campesinos y obreros, los hombres que viven en chozas en el campo y en casuchas en las ciudades, siempre se han preocupado solo por la paz. Quieren que los dejen solos y tranquilos. Casi murieron de hambre y fueron incansablemente acosados y maltratados. Son ignorantes, no saben ni les interesa lo que significan las instituciones libres; quieren un gobierno que los deje quietos y les de libertad para vivir y trabajar duro.*
>
>*Solo los ex-miembros del Ejército Cubano y sus simpatizantes inmediatos desean la independencia de la isla.*
>
>*Los patriotas, en el verdadero sentido, no están en ninguno de esos grupos. Uno de ellos me ha escrito diciendo que quiere la independencia por un año, o un año y medio. Es entonces cuando comprobaremos que los Cubanos no sabemos ni podemos formar un equipo nacional y entonces lógicamente le pediremos a los EEUU que nos intervenga de nuevo y nos salve de nosotros mismos. Todos nuestros líderes quieren ser presidentes, generales, gobernadores, alcaldes, concejales o cancilleres. No quieren perder la oportunidad de sacar provecho del poder gubernamental, como lo estuvieron haciendo los Españoles por más de 400 años.»*

Dos vistas del desfile fúnebre que llevó los restos del *General Calixto García* al Cementerio de Colón y la máscara fúnebre del General.

Cubanos y Americanos rindieron tributo a un gran General

Calixto García, el General de las tres guerras de independencia Cubana que facilitó con sus tropas el desembarco Americano en Cuba, falleció inesperadamente en Washington en una misión encomendada por el ejército Cubano al terminar la guerra. El gobierno de los EEUU lo enterró con grandes honores en el *Cementerio Nacional de Arlington*, pero su familia prefirió que descansara en suelo Cubano. Su nuevo y final entierro se efectuó en La Habana del 9 al 11 de Febrero de 1899.

El funeral fue un evento de profundo duelo público. Un gran retumbar de cañones anunció a La Habana la llegada de los restos del General García en el buque de guerra Estadounidense *US Nashville;* miles y miles de banderas Cubanas y Americanas se asomaron a media asta en azoteas y en arcos y ventanas. La vieja ciudad pro-Española de La Habana se convirtió instantáneamente en un bastión Cubano. Los miles de banderines estaban entrelazados con cintas negras, tanto en las residencias palaciegas de los ricos como en las débiles casuchas de los pobres. Hubo una completa demostración de sentimiento patriótico en toda Cuba; un profundo testimonio del valor personal y humano del General García.

El alcalde de La Habana hizo arreglos para un funeral público y para que el cuerpo permaneciera *en estado* dos días en el palacio del Gobernador General. Hasta altas horas de la noche, la muchedumbre circulaba por el Palacio en un esfuerzo por ver su cadáver, colocado en la sala donde se reunía generalmente el Ayuntamiento. Las paredes fueron forradas de negro con lentejuelas doradas y cientos de flores, con cintas y rosetas de color púrpura, blanco y rojo, colmaron todas las recámaras del Palacio. El público Cubano, en una sola fila, pasó frente al féretro durante horas y horas. En la calle, cientos de damas de La Habana que acostumbraban a viajar en carruajes, se acercaron tan cerca como pudieron a la entrada del Palacio y caminaron el resto del camino. Todas quisieron pasar junto al cuerpo, que estaba custodiado por una escolta de soldados Cubanos armados. Las autoridades Americanas, sin interferir, permitieron la noble manifestación de dolor público. El ataúd se colocó en un coche fúnebre y fue cubierto con la bandera Cubana, como correspondía.

El General Brooke recibió órdenes de Washington de dar a los restos de Calixto García todos los honores funerarios que se ajustaban a su rango de General. Brooke emplazó una escolta adecuada, ordenando que, al igual que estaban haciendo los Cubanos, todos los Generales Estadounidense presentes en ese momento en Cuba asistieran personalmente a los funerales de Calixto García en lugar de enviar representantes.

La procesión alcanzó un largo de tres cuadras. Cerca del cementerio, en un inesperado movimiento, la procesión se detuvo y unos cuarenta oficiales y militares Cubanos se adelantaron a los vagones de los Generales Estadounidenses para marchar cerca del catafalco que contenía los restos del General García. En pocos minutos, un joven oficial Cubano de mayor rango se les adelantó y los conminó a regresar a las posiciones asignadas en el desfile. Los oficiales Cubanos que se habían movido de sus posiciones decidieron retirarse de cualquier participación en el funeral que no los situara a ellos al lado del General. El avance y la retirada de los militares Cubanos fue un misterio para todos, pero la gente estaba tan embriagada con la procesión que casi no se le prestó atención a ese evento.

En el momento que la procesión se había detenido, el General Brooke notó que el hijo de Calixto García estaba casi al fondo de la marcha y lo mandó a llamar. Brooke le mandó traer a toda su familia a la primera fila del desfile diciéndole

> *«Tu lugar hoy está directamente detrás del cuerpo de tu padre. Ese es tu lugar y el de tus familiares. Envíale un mensaje al Comité de que no estoy dispuesto a que ustedes desfilen en ninguna otra posición. Es mi deseo que tú, no yo, estés al lado del cuerpo de tu padre.»*

La simplicidad del carro funerario, la falta de ostentación por parte de las autoridades militares Estadounidenses y sobre todo la aparición del popular General Fitzhugh Lee a caballo, con su estado mayor, contrastó marcadamente con los uniformes y la súbita presencia de un grupo grande de bomberos de La Habana. La mayoría de ellos habían sido miembros de los destacamentos de *Voluntarios de Infantería y Caballería*, enemigos acérrimos de la causa Cubana, que incluso el *"carnicero"* Weyler parecía temer y no poder controlar. Sin que nadie los detuviera, los *Voluntarios* marcharon detrás del cuerpo de Calixto García con sus pesados yelmos, botas de goma, camisas rojas y hachas de todas las formas. Lograron llamar la atención pública, pero no sus simpatías.

Una vez en el Cementerio de La Habana, la persona que debía pronunciar la oración final de despedida al General García no apareció por ningún lado. Para sorpresa de todos, la última ceremonia fue un saludo improvisado por un escuadrón de soldados Estadounidenses cuyo corneta principal entonó los acordes de la tradicional tonada funeral.

El General Lawton conferenciando con Jefes Mambises en las afueras de Santiago de Cuba en Octubre de 1899. Cuando Calixto García se dirigía a Santiago días después de la entrada del General Shafter, Lawton y su estado mayor salieron de la ciudad a recibirlos y rendirle los honores que merecían.

¿Tuvieron razón los Mambises al retirarse del entierro?

El desembarco de las fuerzas de los EEUU por Daiquirí y Siboney al este de Santiago de Cuba el 21 y 23 de Junio de 1898 fue posible gracias a una estrategia desarrollada por el General Cubano Demetrio Castillo Duany, que estaba a las órdenes del General Calixto García. También intervinieron en la protección de las tropas Americanas los Generales Mambises Jesús Rabí, Saturnino Lora, Rafael Portuondo Tamayo, Francisco Estrada, Salvador Ríos, Luis Feria, Pedro Agustín Pérez y Lope Recio Loynaz, en una operación coordinada que envolvía más de 5,000 tropas Cubanas situadas en Manzanillo, Holguín, Guantánamo, Camagüey.

Los Mambises, y Calixto García en particular, consideraron la operación como un esfuerzo conjunto Cubano-Americano. En una carta a Estrada Palma le decía «...*Tenemos que luchar al lado de los Americanos. No permitiré nunca que el pabellón Americano flote sin que a su lado ondee el de Cuba, ni que la sangre de esos hombres libres se derrame sin que al lado de la suya empape la nuestra esta tierra que nos vio nacer...*»

Al llegar el día de la rendición de Santiago, 16 de Julio de 1898, *William Shafter*, el General al mando de las tropas de los EEUU en la toma de la ciudad, le envió una nota a Calixto García: «*Las tropas Españolas han capitulado... se ha convenido que ni tropas Americanas ni Cubanas entren en Santiago. Favor de instruir debidamente a las de su mando.*»

Al día siguiente, 17 de Julio, el obeso General Americano entró a la ciudad seguido de sus tropas, tomando posesión de la plaza. Había decidido quedarse él sólo con el prestigio de haber tomado Santiago.

Calixto García le escribió una carta a Shafter diciéndole: «*Formamos un ejército pobre y harapiento, igual que fue el de Saratoga y de Yorktown; respetamos nuestra causa para no mancharla con la cobardía.*»

Calixto García inmediatamente presentó su renuncia al ejército Cubano. La carta fue divulgada por la *Associated Press*. El 22 de Septiembre el General *Henry Ware Lawton* sustituyó a Shafter en el mando de las tropas Americanas en Santiago. Su primera decisión fue invitar al General Calixto García a visitar Santiago para desagraviarle. Lo recibió rodeado todos sus oficiales y una numerosa escolta de caballería, con la cual entró Calixto García con grandes honores a Santiago de Cuba.

Escenas del Carnaval Habanero de 1899.

Terminando el entierro de Calixto García llegó el Carnaval

Las banderas que habían estado a media asta durante el entierro de Calixto García estaban ahora en todo lo alto y los emblemas de luto habían desaparecido como por arte de magia. Los Habaneros se preguntaban si iba a haber un Carnaval ese día o no. El cielo estaba nublado y por la tarde había llovido. A las tres el único indicio era una larga hilera de sillas de alquiler situadas a todo lo largo del Paseo del Prado. Hacía ya cuatro años que los Carnavales en la capital de Cuba habían continuado a pesar de la guerra. Muchos sospechaban que este podía ser el primero en que se suspendiera. Por precaución, dentro de sus casas, las mamás le entalcaban las caras y el pelo a los niños en una tradición que trajeron a Cuba los isleños y que ya Juan Ruiz, el famoso Arcipreste de Hita, mencionaba en el siglo XIV.

De pronto, un coche tirado por caballos con un hombre a bordo y varios niños enmascarados bajó velozmente por Prado, desde el parque Isabel II hasta el litoral. Como si fuera aquel el rey Momo, comenzaron a aparecer otros coches, las bridas de los caballos decoradas con rosetas tricolor al estilo Americano. Las sillas del Prado comenzaron a llenarse. Niños montados en ponies, balcones llenos de familias tirando flores a la calle, carruajes adornados, pequeñas tiras de papel, que los Cubanos llamaban *serpentinas*, flotando en el aire, las autoridades en carruajes de la ciudad haciendo el circuito subiendo y bajando por el Prado.

¿Qué estaba pasando? ¿La Habana de fiesta en medio de una ocupación por un país foráneo? ¿Era eso un desquite de los citadinos después de soportar una guerra que ni habían buscado ni jamás apoyaron? Fue en los periódicos *La Lucha, El País, El Triunfo, la Revista Cubana,* e incluso *El Nuevo País*, que varios escritores, hombres de negocio y eminentes historiadores Cubanos como Rafael Montoro, Antonio Bachiller y Morales, Enrique José Varona, Emilio Terry, Eliseo Giberga, José María Gálvez, José Bruzón, Carlos Saladrigas, Ricardo del Monte, Raimundo Cabrera y Rafael Fernández de Castro, se hicieron esas y otras preguntas tal vez más importantes.

¿No fue el propio Juan Gualberto Gómez el que en 1884 publicó en Madrid un artículo en el que declaraba que «*los autonomistas representan a la verdadera clase media de Cuba?*»

¿Se oyeron o no *gritos* y *vivas a la autonomía* en la ambigüedad inicial del alzamiento de Baire el 24 de Octubre de 1895?

¿No fue Rafael Montoro el primero en razonar la imposibilidad de la independencia por su *escaso apoyo popular*?

¿No fue la estrategia de *"tea incendiaria"* de Máximo Gómez simplemente una continuación de la devastadora política de Weyler de arruinar a Cuba? ¿De qué sirvió si no para provocar la intervención Americana?

¿No probó el manifiesto *"Al Pueblo de Cuba"* de los autonomistas el 4 de Abril del 95 ser más realista y realizable que el *"Manifiesto de Montecristi"* de Martí y Gómez de Marzo 25?

¿No fue la hecatombe de la *Guerra Hispano-Cubano-Norteamericana* la reivindicación del sentir de los Cubanos que habían apoyado el autonomismo como la mejor solución?

¿Puede en realidad decirse que *"la guerra necesaria que predicó Martí"* resultó ser beneficiosa a los intereses legítimos de los Cubanos?

Al calor de esas preguntas, difíciles de contestar, pero entusiasmados por el fin de la guerra y la vuelta a la normalidad, los Habaneros se decidieron a tener su Carnaval como si nada hubiera pasado.

Tres de los más importantes líderes Autonomistas en Cuba en 1898: *Eliseo Giberga, Enrique José Varona* y *Rafael Montoro.*

La terrible condición de casi todas las calles de Cuba. En la foto, la calle *Águila*, una de las más importantes de La Habana.

Con la ocupación llegó la hora de pavimentar a toda Cuba

La mayor sorpresa que las tropas de los EEUU encontraron cuando se establecieron en La Habana en los primeros días del control militar, fueron que las calles adoquinadas estaban limpias. En días brillantes y soleados parecían incluso más limpias que las de Nueva York; en los días lluviosos, sin embargo, se convertían en puros fangales. La razón era que los adoquines estaban depositados directamente en la tierra aplanada. Al llover, un barro negro, envenenado con la inmundicia y gérmenes de enfermedades de varios siglos, brotaba entre las piedras, volviendo las calles negras por el fango e intransitables.

La mayoría de las calles, sin embargo, ni siquiera estaban adoquinadas. Abundaban en ellas los animales muertos, la basura se encontraba en todas partes, las alcantarillas rebosaban de desechos, y las bocas abiertas de las cloacas que llevaban aguas hacia el océano o hacia el puerto eran apestosas. Los olores nauseabundos llenaban el aire. La condición de los edificios públicos era tal que los oficiales del ejército Estadounidense prácticamente se negaron a ocuparlos.

La condición del Palacio del Capitán General era tal que el General Brooke no quiso quedarse allí, y se mudó temporalmente a un suburbio llamado *El Vedado*, donde él, su personal y la oficina de ayuda ocuparon el edificio en el que los comisionados de evacuación celebraban sus sesiones.

El General Ludlow, sucesor de Brooke, teniendo permanencia en su puesto, con más calma organizó la limpieza de La Habana y en menos de treinta días, La Habana estaba limpia, por lo menos en apariencia.

Ludlow dividió el trabajo de saneamiento en dos grupos, el departamento de Obras Públicas que tenía que ver con áreas públicas, incluyendo edificios del gobierno, y el departamento de Salud Pública, que tenía que ver con la higiene en la ciudad.

Uno de los subalternos de Ludlow, el coronel Andrew Black, organizó por primera vez el trabajo en seis dependencias: una tenía que ver con la limpieza y reparación de calles y con la recolección de basura; otra tenía que ver con el tema de las alcantarillas y la distribución del agua y todo lo relacionado con las obras públicas bajo tierra; una tercera dependencia era para la inspección de edificios, similar al sistema en casi todas las grandes ciudades de los EEUU; una cuarta tenía a cargo los trabajos públicos temporales; una quinta a cargo de cuidar la propiedad pública; finalmente una sexta era responsable del puerto, con el trabajo de dragar, reparar y construir muelles, el cuidado de boyas y balizas fijas.

El trabajo de limpieza de las calles fue puesto a cargo del Capitán W. L. Geary, residente de Seattle, Washington. Geary no perdió tiempo y comenzó sus trabajos el 2 de Diciembre de 1898, avanzando con sus carros y obreros a medida que los Españoles evacuaban gradualmente la ciudad.

Entre todos hicieron una inspección cuidadosa de la ciudad y los suburbios. Un ejemplo de lo logrado, por ejemplo, es el siguiente reporte oficial sobre los trabajos en *Casablanca*, un pequeño poblado de pescadores a un costado de la fortaleza de La Cabaña, directamente al otro lado del puerto del Palacio del Capitán General:

> «*Las calles son muy angostas, cubiertas de hierba, y es evidente que nunca han sido bien trazadas ni reparadas. Algunas están al mismo nivel que la bahía, y otras están a escasamente seis u ocho metros por encima. No hay absolutamente ningún suministro de agua para limpiarlas ni drenaje. Las aguas inmundas se arrojan a las calles y de ahí a la bahía. Todo tipo de basura o materia orgánica se tira a las calles, y por todas partes se encuentran en grandes cantidades. El carbón depositado en el pueblo de Casablanca, debido a grandes almacenes de combustible en ese lado del puerto, ensucia las calles y casas cercanas. Las aguas negras de La Cabaña drenan cerca de Casablanca y cuando las tropas Españolas estaban allí, el mal olor era terrible. El mal olor ha desaparecido porque ya no hay soldados allí.*
>
> *En los restos de algunos edificios que se han derrumbado, una veintena de familias de reconcentrados han construido, con la ayuda de tablas y harapos, algunas chozas miserables, en las que viven un gran número de personas. En uno de esos sucios ranchos se han contado setenta personas viviendo. Todas esas chozas están en malas condiciones, sin luz ni ventilación; en los alrededores, las calles sirven para todos los usos privados, normales o no. Algunas de esas edificaciones están separadas por callejones, en los que se colocan cajas, barriles y todo lo que no es útil en las habitaciones, especialmente si la choza es poco menos que una tienda de campaña. En la orilla hay grandes depósitos de basura que arrojan los barcos.*»

A principios de Junio de 1899, cuando las obras estaban aun en marcha, el informe de lo logrado en las últimas dos semanas de Mayo, por ejemplo, dio este resumen del trabajo realizado bajo el mando del capitán Geary:

Se habían limpiado 575,000 pies lineales de calles,
Se habían eliminado 983 pilas de basura,
585 pies cuadrados de las calles pavimentadas habían sido reparadas,
Se habían reparado 2,750 pies cuadrados de calles macadamizadas y
13 remolques de basura callejera habían sido arrojados a alta mar.

En esas dos semanas, 650 hombres, antes desempleados y considerados vagabundos, encontraron trabajo en las calles.

Cuatro fotos de los esfuerzos de limpiar y pavimentar las calles de Cuba.
Pavimentación de una calle en el centro de Holguín.
Reparación de la *Calle Milanés* en Matanzas, Cuba.
Una de las *patrullas de limpieza* de calles del Capitán W. L. Geary en 1899.
Los obreros de Obras Públicas listos para trabajar en *Cienfuegos* en 1899.

Una vista de la ciudad antes de Septiembre de 1899.

La misma vista después, en Enero de 1900.

Antes, en Agosto de 1899.

Después, en Enero de 1900.

Pavimentación de calles de La Habana
Arriba, la Calzada de Jesús del Monte
Debajo: la Calzada del Cerro

Una *cuartería* típica de La Habana de 1898. En un survey de 1899 se encontraron más de 95 de estas ciudadelas en dos kilómetros a la redonda del *Palacio de los Capitanes Generales*.

También había llegado la hora de sanear las ciudades

A pesar de haber sido La Habana durante varios siglos el punto de reunión de las flotas Españolas y la más importante capital comercial y mercantil de Hispanoamérica, la realidad física en 1898 era que La Habana era una ciudad que reposaba sobre sus inmundicias. Varias razones justificaban esa calificación: la deficiencia del sistema de alcantarillados, los residuos del matadero municipal y los desperdicios de fábricas, cuarteles y hospitales que se vierten en la bahía, la presencia de numerosas *cuarterías* multifamiliares, el incumplimiento de las ordenanzas municipales por parte de los residentes de La Habana y, en general, la escasa cultura sanitaria de la población. En palabras publicadas, por ejemplo, en 1899 en *El Diario de la Marina*, «... *La ensenada de Atarés es un "caldo de cultivo" del que se desprenden emanaciones que los vientos empujan hacia Chávez, Jesús María y otros sitios de notoria mortalidad por toda clase de enfermedades, pero en especial la tuberculosis.*»

Si bien es cierto que los barrios marginales de La Habana siempre existieron durante la colonia, el surgimiento del *"solar"* a finales del siglo XIX fue el elemento que extremó la falta de higiene en la ciudad. Desde comienzos del siglo XIX existían viviendas colectivas conocidas como *casas de vecindad;* sólo a partir de la década de 1880, con la progresiva mudada de los dueños de las casonas intramuros hacia los nuevos barrios aristocráticos como el Vedado, los *"solares"* se extendieron hasta el mismo centro de la capital. Al transformarse las antiguas mansiones en *cuarterías*, hizo crisis el precario sistema de disposición de excretas al residir 15 o 20 familias donde antes habían sólo dos.

Para Diego Tamayo, discípulo de Pasteur y *"padre fundador"* de la bacteriología cubana, el solar era *"el gran semillero de la tuberculosis."* En los *"solares"* de La Habana en 1899 vivían más de 3,000 tuberculosos, lo que ponía en riesgo al resto de la ciudadanía capitalina.

Sólo con las grandes transformaciones sanitarias que se proyectaron y se llevaron a cabo durante la ocupación Norteamericana, fue que La Habana y otras capitales y ciudades de provincia pudieron convertirse en lugares seguros y habitables para un país que estaba a punto de estrenar su libertad y soberanía.

La foto muestra el comienzo de los trabajos de *renovación de los alcantarillados* de la ciudad de Santiago de Cuba en 1899.

Los EEUU no escatimaron los gastos de Saneamiento

A medida que las fuerzas de ocupación de los EEUU, comenzando por La Habana, se familiarizaban con las condiciones y la infraestructura de las ciudades Cubanas, se hacía más evidente que el sistema público de eliminación de desperdicios, particularmente los alcantarillados, era un problema grave y difícil de resolver. En La Habana había una extensa red de alcantarillados, casi diez millas, pero no cubría toda la ciudad y los problemas principales estaban en las entradas y en las salidas, sobre todo las aguas de las cloacas y tragantes de las calles. Los desagües del sistema de alcantarillados desembocaban en la bahía de La Habana o en las aguas de alta mar inmediatas a las costas (algunos de ellos a menos de cien metros de distancia). 92% de los análisis en las salidas de esas aguas de albañal mostraba una nivel alarmante de bacterias. Eran verdaderos núcleos de infección en proporciones altamente peligrosas para la salud.

Estudiando la mejor estrategia para solucionar el problema de esas aguas, el Coronel George E. Waring, al mando del Departamento de Salud Pública del gobierno de ocupación (uno de los oficiales que reportada directamente al General Ludlow), hizo un estudio económico del costo de soterrar por completo la red de alcantarillados y estimó el costo en alrededor de US$ 12 millones *[equivalente a US$ 300 millones en moneda de 2018]*. Aparte de ser un serio problema económico, el soterrar la red adecuadamente, dado lo estrecho de las calles en casi toda la ciudad, representaba una seria disrupción del comercio, los servicios públicos y el tránsito de servicios de emergencia como bomberos y ambulancias.

Por otra parte, no había en toda Cuba existencias disponibles de tubería de alcantarillado para desagües, y el tiempo necesario para decidir diámetros y longitudes atrasaría mucho el proceso de soterramiento. No era posible tampoco obtener materiales suficientes de los Estados Unidos en poco tiempo, ni suficientes fontaneros en La Habana capaces de trabajar en las instalaciones.

De todas formas George E. Waring y el General Ludlow se lanzaron a implementar esa alternativa, pero primero le dieron una solución temporal al problema del saneamiento. En 90 días establecieron en la zona industrial del este de La Habana, cerca de Atarés, una planta para producir, por hidrólisis de agua de mar, un desinfectante basado en Cloro que mantuviera las calles relativamente asépticas. Una vez en funcionamiento, las calles comenzaron a rociarse dos veces a la semana.

A mediados de 1899, se inauguró también en Atarés una planta para quemar la basura a un costo de US$ 35,000, *[equivalente a US$ 1 millón en moneda de 2018]*. Ambas fábricas dieron trabajo directo a más de seis centenares de Cubanos que habían perdido sus empleos por la guerra. Esa llamada *"patrulla de la salud"* comenzó a dar mantenimiento regular a las cloacas y las alcantarillas, así como a edificios públicos, cárceles, hospitales, y los fuertes militares que rodeaban la ciudad como los castillos del Morro y el Príncipe y las fortalezas de La Cabaña y La Punta. Al final del primer semestre de control sanitario Estadounidense en La Habana, la tasa de mortalidad mensual bajó en un 65% en comparación con el mes correspondiente del año anterior.

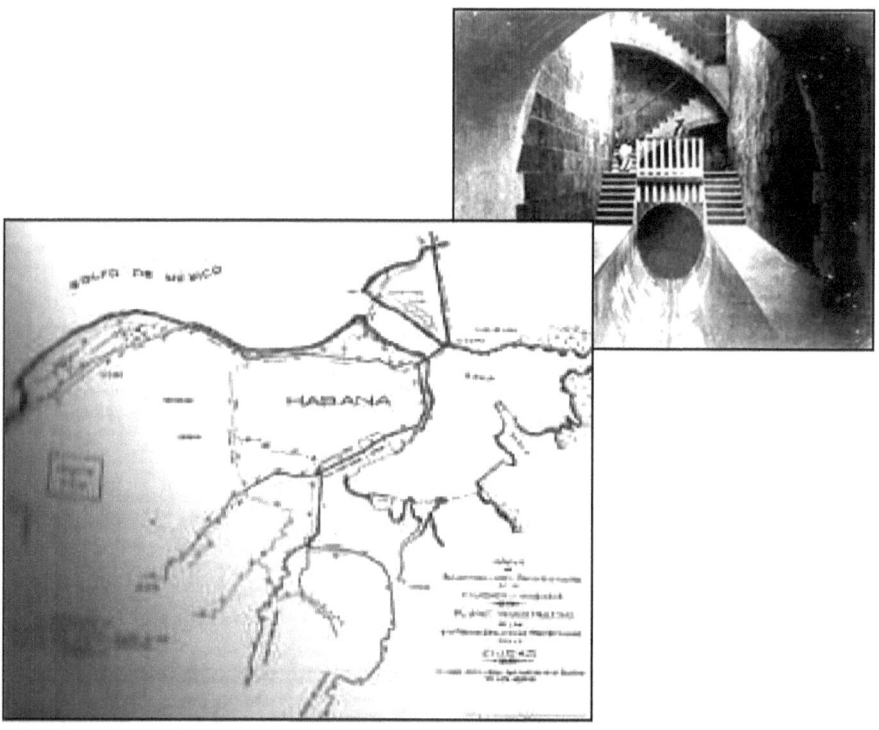

El proyecto de saneamiento de La Habana lanzado durante la ocupación Norteamericana en 1900 utilizó allí el más avanzado sistema de drenaje pluvial y colección de albañales en uso bajo la bandera Americana. En los EEUU solo la ciudad de Boston tenía un alcantarillado comparable, allí instalado en 1876. La red de tuberías finales de desagüe tenía dos ramales maestros; las aguas albañales llegaban al pueblo de *Casablanca*, donde se bombeaban hasta la altura de *La Cabaña* y desde allí, por gravedad, corrían 147 metros hasta alta mar.

Algunas de las obras de saneamiento a todo lo largo de Cuba, 1899-1901: Las tuberías de *agua potable fueron soterradas* en el *Hospital Mercedes* de La Habana; *instalación de alcantarillados* en Camagüey; *extensión del alcantarillado* en la calle Tacón de La Habana; *limpieza del Matadero municipal* en Matanzas.

Dos fotos de la draga que operó por 11 meses en la bahía de La Habana durante la ocupación Norteamericana comenzando en Agosto de 1899.

Por primera vez en 400 años se limpiaron las bahías en Cuba

El saneamiento del puerto de La Habana fue una de las primeras faenas de las autoridades Norteamericanas en 1899. Con las alcantarillas de la ciudad en buenas condiciones sanitarias, en realidad sólo había una gran fuente de contaminación en el puerto de La Habana. En los estudios de los ingenieros sanitarios se identificó como el *"Slaughter House Creek"*, una pequeña corriente de agua que desembocaba a la entrada del puerto, proveniente del matadero de la ciudad. El puerto de La Habana tenía la ventaja de ser un *"puerto muerto"* por no tener múltiples arroyos que desembocaran en sus aguas.

Como precaución, el General Ludlow comisionó un estudio al Dr. *Juan Guiteras*, uno de los expertos nacionales en fiebre amarilla, el cual determinó que el puerto de La Habana no jugaba un papel importante en la propagación de esa enfermedad. Quedó como trabajo prioritario el regular la forma en que se sacrificaban los animales para consumo humano. Al mismo tiempo, se hicieron arreglos para prolongar la desembocadura del *Slaughter House Creek* por varios cientos de yardas. Fue entonces que comenzaron los trabajos de limpieza y dragado.

El puerto de La Habana, por fortuna, es regularmente baldeado por la naturaleza. Varias tormentas cada año, los *"nortes"*, conducen millones y millones de galones de agua de mar hacia el puerto, renovando completamente las aguas con agua salada limpia, uno de los mejores desinfectantes.

El tan necesitado dragado profundo al puesto comenzó a hacerse en los primeros días de Agosto de 1899, con equipo traído a un considerable costo desde Filadelfia. Era la primera vez en más de tres siglos que el fondo de la bahía de La Habana recibía una limpieza sustancial.

Algunas vistas de la limpieza de bahías Cubanas en 1899-1900. Una de las barcazas recogiendo basuras al *este del castillo de El Morro*. Trabajos de arreglos del muelle y drenaje del *puerto de Santiago de Cuba*. El estado deplorable de la costa frente a El Morro y La Cabaña en La Habana. A la izquierda, debajo, el Teniente Coronel William M. Black, encargado de esas obras.

Las obras de construcción del Malecón de La Habana durante la ocupación Norteamericana

A las Obras Públicas siguieron otras que embellecían a Cuba

La situación de Cuba después de la guerra justificó eliminar o aligerar la mayoría de los impuestos y contribuciones municipales. Los EEUU, como Estado interventor, asumió los gastos municipales pagándolos con las rentas de la Aduana. Esta medida, continuada después durante la República, debilitó la vida municipal e hizo a los ayuntamientos muy dependientes del poder central.

Entre los gastos prioritarios del gobierno central estaban la reparación de los caminos y los faros, la educación y la salud e higiene pública, así como la construcción de una red vial a lo largo de toda la Isla que permitiera movilizar la riqueza agrícola del interior de la isla a los puertos. De la misma importancia fue la construcción de un ferrocarril central, obra postergada por los Españoles desde mediados del siglo XIX.

Las obras viales urbanas estuvieron muy unidas al plan de saneamiento de las ciudades y a la reparación o construcción de acueductos. Ciudades como Matanzas, Cienfuegos, Camagüey y Santiago de Cuba repararon sus calles. Guantánamo y Cienfuegos, previstas como estaciones navales y carboneras en la ruta del istmo panameño, tuvieron atención adicional en sus acueductos.

En La Habana y Santiago la pavimentación y los desagües tuvieron una importancia de primer orden, porque el tránsito requería de estudios especiales, lo que obligaba a emplear diferentes tipos de pavimento (adoquines, asfalto, macadam); no menos importante fueron las necesidades de pavimentación causadas por la concesión a una empresa formada por capitales de Canadá, Francia y Estados Unidos para construir tranvías eléctricos.

Los tranvías modernos se inauguraron en 1901, tras solo tres años de ocupación; eso contribuyó al saneamiento de las calles al eliminar los caballos y el estiércol. El movimiento de pasajeros se sextuplicó en seis meses con respecto a los antiguos ferrocarriles urbanos con unos 60,000 pasajeros diariamente en La Habana. Los nuevos tranvías necesitaron nuevas plantas generadora de electricidad; una de ellas se construyó en *El Vedado*, un barrio cuya importancia se hizo cada vez más notable.

Entre las mejoras estéticas y prácticas de La Habana las más visibles fueron el nuevo Malecón o Avenida del Golfo y la ornamentación de los restos de las Murallas. Hasta entonces el frente marítimo de la ciudad y los alrededores de las Murallas coloniales eran lugares descuidados donde se acumulaba basura y se avecinaban delincuentes y vagos. Los técnicos que crearon el Malecón e hicieron de las Murallas lugares románticos de contemplación, fueron casi todos ingenieros Cubanos adscritos al ejército de ocupación o empleados en la Secretaría de Obras Públicas. Desde 1899 hasta el término de la ocupación, las inversiones del Malecón y las Murallas ascendieron a más de cuatro millones de pesos. [*US$ 4 millones en 1900 eran equivalentes a US$ 116 millones en moneda del 2018.*]

Obras de limpieza y jardinería alrededor de las murallas en ruinas de La Habana edificadas durante el gobierno colonial Español.

La Ocupación Americana trajo a Cuba la Libertad de Prensa

En 1898 existían en España 1,347 periódicos, 309 diarios, 557 semanario y otros de distinta periodización. La censura y el secuestro de publicaciones era normal en la península y en Cuba; el gobierno argumentaba razones de estado para intervenir y censurar los diarios. La prensa de esa época estaba en una etapa de propagandismo fundamental; no se buscaba la objetividad ni contar los hechos de forma aséptica; el interés de la prensa era influir en las convicciones de los lectores. Los periodistas, casi todos intelectuales o artistas, eran principalmente hombres de carrera que ejercían cargos políticos o la jefatura de un partido.

En 1898 se notó en Cuba un cambio radical. Surgió una prensa totalmente libre, sin amenazas de intervención por parte del gobierno, fuera cual fuese la posición política de los escritores: reformistas, independentistas, anexionistas o autonomistas.

Un listado de los principales periódicos a los que los residentes de Cuba tuvieron acceso ilimitado en todo el período de ocupación incluye:

La Libertad. Semanario político y literario. Director: Manuel Márquez Sterling.

El Patriota. Diario político independiente. Director: Mario García Kohly.

Ecos de Cuba. Revista incluida en el *Avisador Comercial*.

La Independencia. Periódico quincenal de los independentistas. Fundador: Bartolomé Masó Márquez. Director: José Guinot Saavedra.

La Lucha. Diario republicano con una sección en inglés. Sucesor de los diarios *La Libertad* y *La Discusión*.

El País. Órgano del Partido Liberal. Sucesor de *El Paisaje*, *El Triunfo* y *El Nuevo País*. Director: Ricardo del Monte. Diario.

La Unión Constitucional. Órgano oficial del Partido de este nombre. Le sucedió *La Unión Española*. Directores: Juan Martínez Villergas, Antonio Corzo, Ramón Elices, Antonio González López, Eduardo López Bago, Enrique Novo. Diario.

El Avisador Comercial. Publicado en La Habana.

El Español. Diario. Publicado en La Habana.

Diario de la Marina. Órgano oficial del apostadero de La Habana. Con una Edición de la tarde y una Sección en inglés. Sucesor de *El Noticioso y Lucero*. Directores: varios periodistas prestigiosos que incluyeron a Ramiro Guerra y Nicolás Rivero. Publicado en La Habana. Diario.

La Unión Española. Sucesor de *La Unión Constitucional*. Director: Juan Antonio Pumariega. La Habana. Diario

La Discusión. Subtítulos: *Diario Político* (1889) y *Diario Cubano para el pueblo Cubano*. Director: Manuel María Coronado. La Habana. Diario.

Cientos de trabajadores fueron empleados por las fuerzas de ocupación de los EEUU para limpiar viviendas, patios y espacios interiores de las casas de La Habana.

No quedó edificio ni casa sin sanear durante la Ocupación

El trabajo de limpiar edificios y residencias era tan importante como limpiar las calles, purificar puertos y alcantarillas, proteger el suministro de agua y poner todas las obras públicas en orden.

Las paredes de miles de edificios eran lugares donde se propagaban los gérmenes de la fiebre amarilla y otras enfermedades infecciosas. El sistema de alcantarillado y las aceras de la calle podían posponerse por un año, pero era obvio para las autoridades Estadounidenses que había que limpiar los edificios, como necesidad primordial para bajar el índice de mortalidad, y evitar la propagación de la fiebre amarilla.

La persona encargada de ese trabajo fue el *Comandante John G. Davis*, un prestigioso médico de Chicago sirviendo en el ejército Americano. Davis empleó a 114 médicos, la mayoría de ellos Cubanos y residentes de la isla, para llevar a cabo una inspección médica casa por casa en cada ciudad. Las zonas urbanas fueron divididas en distritos, y esos territorios fueron asignados a inspectores, cuya responsabilidad era realizar un censo higiénico del área asignada. Durante la primera semana de Febrero de 1899, por ejemplo, se inspeccionaron los edificios de la ciudad de La Habana a razón de 1,200 semanalmente. Las inspecciones incluían un examen de cada habitación, cada patio y cada pared del edificio o residencia, ya sea que ese edificio estuviera o no ocupado o fuera propiedad de ricos o pobres. Cada charco de agua fue examinado, así como la condición del suministro de agua en cada edificio.

Cada inspección generó un informe que mostraba la calle y el número del edificio, el nombre del propietario y los ocupantes, las dimensiones del edificio y los fines para los que se utilizaba; número de familias y personas, adultos y niños en él; si había alguna enfermedad en el lugar y, de ser así, de qué naturaleza; qué se hacía con la basura doméstica a diario, las condiciones de drenaje, la disposición de la basura, si había necesidad de vacunación de los residentes y si hubo o había habido alguna enfermedad infecciosa en el edificio. Se ordenó que se eliminaran todos los charcos de cada lugar. Se ordenó poner la basura donde iba a ser recogida por los vagones del Departamento de Limpieza de Calles. Donde se podía, se ordenó instalar inodoros y lavamanos. Cientos de casas fueron prescritas para ser pintadas. No era fácil asegurar material u hombres para pintar las casas. Las autoridades militares ofrecieron grandes cantidades de cal y desinfectantes que tuvieron que ser traídas de los EEUU. No fue fácil encontrar suficientes obreros, pintores, fontaneros y carpinteros, pero se hizo.

Los resultados fueron pronto evidentes. En Enero de 1898, hubo 1,801 muertes en La Habana según las cuentas imperfectas de las autoridades Españolas; en 1899, bajo el sistema preciso de registros realizados por los EEUU, las muertes bajaron a 900. La mortalidad por enfermedades infecciosas en La Habana se redujo de 91 por cada mil habitantes a 22.1 por cada mil. La mortandad *tifoidea* se redujo de 650 por cada 100,000 a 50. Las muertes por tuberculosis disminuyeron de 117.25 por cada 10,000 residentes en 1898 a 37.71 en 1901.

Comandante *John G. Davis* el oficial y médico Norteamericano encargado del saneamiento de edificios y viviendas en La Habana durante la ocupación Americana y una de las patrullas de limpieza que Davis organizó en 1899.

No hubo detalle que se le escapara al buen Dr. Davis

Para beneficio de los habitantes de las ciudades Cubanas en 1899, el Dr. Davis era un oficial que se ocupaba de todos los detalles por pequeños que parecieran. Dos ejemplos fueron la movida de las lecherías fuera La Habana y la forma de proveer servicios médicos a los residentes cuando no necesitaban hospitalización.

Un contaminante encubierto de La Habana eran las *lecherías*. En edificios muy similares a los que eran utilizados para residencias o tiendas, a plena vista, se habían establecido lecherías en La Habana y otras ciudades. Las vacas permanecían en sus establos constantemente, sin hacer ejercicio buscando pasto en el campo. Los establos solían estar en malas condiciones sanitarias y constituían un peligro para la salud de los vecindarios. El estiércol era desechado con los desperdicios de las residencias en carretas abiertas a la atmósfera. El personal que trabajaba con Davis encontró que en La Habana había varios centenares de vacas viviendo dentro de la ciudad con fines lácteos. En una campaña de tres meses de duración se trasladaron cada una de esas lecherías fuera de la ciudad.

El Dr. Davis no sólo se encargó que los hospitales municipales recibieran medicamentos y asistencia médica adecuada y a tiempo sino también se ocupó de hacer llegar ayuda médica en circunstancias que no requerían hospitalización. En La Habana, por ejemplo, se establecieron cinco *Casas de Socorro*, donde los que necesitan ayuda o medicamentos podían tener acceso a servicios y prescripciones. Igualmente se designaron ciertas farmacias en varias partes de la ciudad donde los residentes que no tenían dinero para comprar medicinas podían obtenerlas pagadas por el gobierno. Gracias a las *Casas de Socorro* se identificaron y eliminaron los leprosos de las calles, una de las visiones más desagradables en las ciudades Cubanas que pronto desaparecieron a los pocos meses de comenzar la ocupación Norteamericana.

El gran puerto de La Habana en 1898.

Una gran limpieza (administrativa) llegó a las Aduanas

Sólo habían transcurrido unos días desde la evacuación Española de La Habana y la toma de posesión de los oficiales del ejército de los Estados Unidos haciéndose cargo del gobierno en todas sus ramas, que los comerciantes de la ciudad comenzaron a notar que algo muy extraño estaba ocurriendo en la Aduana de La Habana.

No es necesario contar lo que era la Aduana de La Habana bajo el dominio Español. Todo el mundo lo sabía. Era el lugar desde donde los Capitanes Generales corruptos y otros altos funcionarios robaban y obtenían fortunas, parte de las cuales iban sin duda a España para compartirse con otros funcionarios. Si había alguna transacción estrictamente honesta dentro de las paredes de la Aduana era la excepción, no la regla. El edificio de la Aduana Habanera tuvo una influencia fulminante sobre la moralidad en la vida pública de la colonia. Necesitaba una buena limpieza -en más de un sentido- de arriba a abajo.

La gestión de limpieza más importante en el nuevo sistema comenzó con la gran patrulla de tasadores. Esos funcionarios recibían sueldos muy pequeños pero todos hacían una enorme cantidad de dinero. El sistema que les permitía enriquecerse era muy sencillo.

Un importador de harina, por ejemplo, al llegar un cargamento a los muelles buscaba su tasador preferido, que hacía pasar la carga como si fuera *"cemento."* El impuesto de importación se pagaba en el acto y el tasador expedía un documento que hacía posible la liberación de la carga de *"cemento."* Los oficiales superiores se hacían de la vista gorda y participaban en el soborno que el comerciante pagaba al tasador. El emolumento recibido por ese contrabando no pertenecía por entero al funcionario en el puerto sino que en parte llegaba a España. Había muchas ventajas para el importador en ese tipo de acuerdo, uno de las cuales era obtener la mercancía con prodigiosa prontitud por una suma *"razonable"* de gastos.

Por supuesto, al llegar a la Aduana de La Habana el *Coronel Waltre A. Donalson* como Colector de Tarifas de Importación, no pasó mucho tiempo antes de que los tasadores se levantaran en rebelión. Casi todos fueron despedidos y en sustitución se emplearon nuevos tasadores con un sueldo adecuado y debida supervisión de sus trabajos. Una de las primeras acciones del nuevo jefe Norteamericano Mr. Donaldson fue separar a los tenedores de libros de los cajeros y a estos de los tasadores. Al mismo tiempo se establecieron barandas en las áreas públicas y puertas en las oficinas para que los administradores y la fuerza clerical no pudiera entrar en libre y fortuito contacto con los comerciantes, los importadores y sus agentes. Se dio por terminado el acceso y la invasión abrumadora que anteriormente tenían a todas las oficinas administrativas de la Aduana.

La *Aduana de La Habana* en 1898 y su nuevo Colector de Derechos de Aduana, el *Coronel Walter A. Donaldson*, del ejército Norteamericano.

El *Capitán St. John Greble* del ejército de ocupación Americano, estuvo al frente de la operación humanitaria de alimentación popular; *a la derecha* una de las estaciones de ayuda establecidas en el *Paseo del Prado* en 1899. *A la izquierda* una vista frecuente en las ciudades Cubanas en 1898, indigentes en las calles.

En toda Cuba un gran esfuerzo para acabar con la indigencia

Aunque no tenía un carácter estrictamente sanitario, el trabajo de alimentar a los necesitados contribuyó en gran medida a mejorar las condiciones saludables de las ciudades Cubanas. Esta tarea estuvo bajo la dirección del *Capitán E. St. John Greble*, un oficial nativo de Filadelfia, cuyo tacto, paciencia ilimitada y temperamento comprensivo lo hicieron peculiarmente apto para la empresa.

Greble estuvo en contacto directo con el lado triste y lamentable de la vida en muchas ciudades Cubanas, particularmente en La Habana. Desde Enero a Julio de 1899, no menos de 20,000 personas fueron alimentadas por el gobierno de los Estados Unidos a través de agencias del ejército; para fines de Agosto, no había persona en ningún pueblo de Cuba que sufriera por falta de alimentos.

Tres preocupaciones particulares eran, **primero**, los niños huérfanos, muchos de los cuales estaban siendo cuidados por Hermanas Católicas en instituciones públicas y no tenían hogar, ni siquiera parientes lejanos. Decenas de ellos dormían en las calles y suplicaban por su comida.

La **segunda** preocupación fueron las viudas de oficiales Españoles de la *Casa de las Viudas*, un hogar paras viudas que quedaron atrás en Cuba sin apoyo de ningún tipo. Eran refinadas y muy educadas, la mayoría de ellas demasiado orgullosas para pedir caridad dado que sus maridos habían sido oficiales Españoles. El propio General Ludlow hizo un llamamiento público refiriéndose a ellas como un *"legado único, triste y lastimoso del dominio Español."* La Sra. Ludlow generosamente se ofreció a hacerse cargo de la tarea de organizar la ayuda a las viudas e hijos de oficiales Españoles.

La **tercera** preocupación era la vida de muchos indigentes en las calles, para lo cual se proporcionó refugio y comida en barracas en desuso del ejército de los EEUU que estaban ubicadas en muchas de las ciudades y pueblos de la isla. El gobierno pagaba diez dólares al mes por su mantenimiento, entendiendo que los niños debían recibir instrucción en algún oficio además de una buena educación.

En La Habana, el Capitán E. St. John Greble estableció cinco comedores populares, donde se les daba comida a los pobres mediante la presentación de órdenes debidamente firmadas por las autoridades. La estación que atrajo la mayor atención de los visitantes estaba en el Paseo del Prado, donde se encontraban acampadas varias compañías de la *10ª Infantería Regular de los EEUU*. Una gran tienda de campaña daba a la calle y prestaba atención a los necesitados; el lugar parecía estar ocupado de diez a doce horas todos los días.

Muchas personas refinadas que se alineaban en los depósitos tenían lágrimas en los ojos mientras buscaban comida para sus hogares; sus rostros mostraban una mezcla de vergüenza con una sincera gratitud. Muchos eran viejos y débiles y apenas podían caminar y muchos traían niños o jovencitos con ellos para ayudarlos a llevarse sus raciones.

Las raciones semanales para dos personas consistían de libra y media de carne de primera, tres latas de tocino de un cuarto de libra, cuatro libras de harina, cinco onzas de café, ocho onzas de azúcar, tres onzas de sal, quince onzas de arroz, una quinta parte de una onza de pimienta, un poco de vinagre y una barra de jabón. Para los enfermos, las raciones incluían almidón de maíz, leche condensada, jamón relleno, sopa enlatada y manzanas secas, además de las raciones reglamentarias.

En toda la isla, muchos miembros de la *Junta Patriótica* cooperaron con el esfuerzo de alimentación; se visitaron muchas casas para asegurar que todas las personas dignas fueran atendidas. En La Habana, las Hermanas de la *Casa de Beneficencia* ayudaron en los trabajos para eliminar el hambre y la indigencia; varios cientos de personas llegaron a depender de ellas. Para cubrir otras necesidades benéficas el Capitán Greble organizó la venta de 5,000 raciones (a ocho centavos cada una) a la *Beneficencia*, así como a dos asilos administrados por las *Hermanas del Buen Pastor* y las *Hermanas del Corazón de Nuestro Señor*. En ambos casos, el pago de las raciones era pospuesto hasta que la institución volviera a contar con sus propios ingresos.

Entrega de correos en La Habana a partir de 1899. A la derecha, el *Comandante Estes G. Rathbone*, nuevo Director General de Correos de Cuba.

En Cuba, por fin, en 1899, llegaban las cartas a su destino

La condición del sistema postal de un país es siempre una indicación del estado de civilización de ese país, no solo en el comercio, sino también en su estándar de vida. Los países más avanzados tienen invariablemente los sistemas postales más efectivos. El manejo de correos puede considerarse como un barómetro de la solidez y el progreso de un país.

El hombre que fue enviado a Cuba para establecer un nuevo sistema postal al comenzar la ocupación Americana fue *Estes G. Rathbone*, de Hamilton, Ohio, anteriormente *Asistente General de Correos Federal* bajo la administración de Benjamín Harrison. Rathbone asumió el control del sistema postal de Cuba el 21 de Diciembre de 1898. Al igual que en las otras ramas de servicio del gobierno, el sistema de correos en Cuba estaba lleno de corrupción. Entre otras cosas, Rathbone pronto descubrió que los Españoles habían saqueado completamente el Sistema Postal, tal y como lo hicieron con la Aduana y todos los demás departamentos de gobierno de la isla. No dejaron ni un centavo, ni un sello, ni ningún documento oficial en ninguna de las oficinas postales de la isla. Rathbone también encontró 2,000 cartas y documentos certificados sin entregar en la *Administración de Correos de la Habana*, algunos con tres y cuatro años de retraso. Más aun, un total de 73,688 cartas sin llegar a sus destinatarios, cuyas fechas se remontaban hasta el año de 1891.

Bajo el sistema Español, los carteros recibían un salario exiguo. Su principal fuente de ingresos era el cobro de entre tres y cinco centavos, y algunas veces más, por cada carta que entregaban.

Por la izquierda, sin embargo, secuestraban cartas libremente y ganaban dinero despegando y robando sellos de cartas enviadas por correo para venderlos. Las cartas se despachaban entonces sin estampillas, y los carteros al otro lado de las rutas cobraban, no sólo por la entrega, sino también por los sellos que habían sido *"robados"* y que el empleado postal que recibía la carta para entregarla reclamaba que los había *"reemplazado."* Tomó solo un día o dos para que ese sistema fuera eliminado, para alivio de los comerciantes. Los carteros comenzaron a recibir salarios equivalentes a los de los EEUU y se les prohibió manejar ningún dinero bajo pena de despido.

En 1899 Rathbone creó diez departamentos en el sistema postal, y la mayoría de ellos se pusieron en funcionamiento a fines de Marzo de ese año. Eran estos los departamentos de finanzas, citas, cuentas postales, transporte, traducción, giros postales, agentes especiales, registros, desembolsos y un Consejo Asesor, todo organizado con personal inexperto. Los departamentos estuvieron en marcha para el verano de ese año.

Mucho más importante que el sistema de entrega era el de los movimientos de dinero. Los Españoles no tenían sistema alguno, pero ese servicio era esencial para el movimiento de dinero en Cuba. No había un sistema bancario moderno en la isla y el uso de cheques y otras formas de papel para el pago de las sumas adeudadas era desconocido. Los procedimientos para el intercambio y la transmisión de dinero en toda la isla se convirtieron prácticamente en la tarea más importante del sistema postal.

Para modernizar completamente el sistema, se decidió habilitar una nueva Oficina Central de Correos en la ciudad de La Habana. El antiguo edificio se había utilizado durante al menos 150 años y estaba a punto de ser condenado por las autoridades sanitarias. Varios edificios públicos fueron considerados y al final, el *Cuartel de la Fuerza*, al pie de la calle O'Reilly, fue seleccionado como la nueva *Oficina Central de Correos de Cuba*. Fue remodelado y amueblado completamente a lo largo de estándares Estadounidenses. Los muebles y accesorios fueron traídos de EEUU y todos los equipos eran idénticos a los que se usaban en las oficinas de correos en los EEUU. También se establecieron en muchas ciudades de Cuba subestaciones y agencias de correos y se colocaron buzones modernos en las aceras de las mayores ciudades de la isla.

Finalmente, se hicieron arreglos con todos los ferrocarriles de Cuba para llevar el correo gratis en los coches de segunda clase. En Octubre de 1899, en cada tren se instaló una pequeña oficina postal; en algunos de los trenes de larga distancia se diseñó un coche donde uno o dos agentes de correo hacían su trabajo. Además de mantener un servicio de correo ferroviario, Rathbone también organizó un servicio de barcos de vapor que movía el correo a diferentes puertos de la isla.

El Castillo de la Fuerza en La Habana sirvió como *Estación Central de Correos de Cuba* desde 1899 hasta 1907.

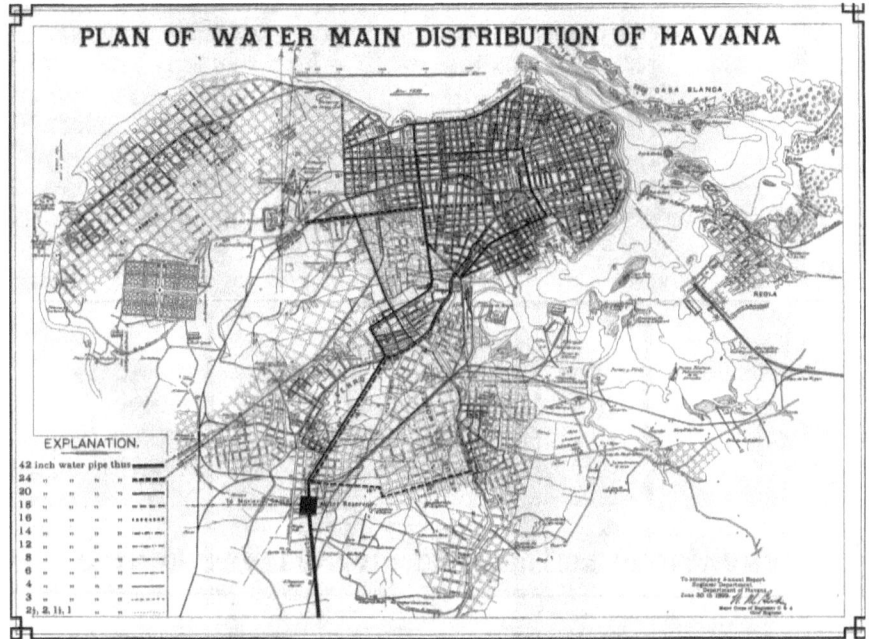

La *Red de Distribución* creada para dar agua a La Habana en 1893, diseñada originalmente por el Ingeniero Español *Francisco de Albear* y ampliada durante la ocupación Americana entre 1898 y 1902.

En 1899 se acabaron los robos de agua en La Habana

Las órdenes designando al general Ludlow como gobernador militar de La Habana, incluyeron una disposición que estipulaba hacer una investigación sobre los ingresos y gastos de la ciudad, así como los métodos y prácticas de recaudación de impuestos.

El 14 de Enero de 1899, Ludlow estableció una *Comisión de Finanzas* cuyo objetivo era conocer las fuentes exactas de ingresos de la ciudad, cómo se recaudaban, la contabilizaron de esos ingresos, dónde se depositaban y la disposición total del dinero recaudado, incluyendo cómo se gastó, quién lo hizo y con qué autoridad.

El General Ludlow seleccionó al Ernest L. Conant, un ex maestro de la Facultad de Derecho de Harvard como presidente de la Comisión, de la cual también formaron parte Los Señores Leopoldo Cancio, Samuel M. Jarvis, Manuel Villanova, I. N. Casanova y George W. Hyatt, todos los cuales estaban familiarizados con los negocios en Cuba y tenían una reputación de la más alta integridad en la comunidad.

La Comisión pronto descubrió que no había habido jamás una declaración o informe preparado regularmente sobre la cantidad exacta de dinero recaudado por la ciudad o de sus gastos exactos. La mayoría de los impuestos se recaudaban de manera más o menos flexible por contrato, cada oficial recaudador recibiendo una compensación porcentual, al estilo de los sistemas utilizados en la Europa feudal.

Una de las fuentes de malversaciones más notables encontradas por la Comisión fue las prebendas adquiridas por miles de personas que obtenían agua gratis en La Habana. Había en la ciudad 39 barrios, cada uno de los cuales tenía un *"alcalde auxiliar"*, un funcionario con poderes similares a los del alcalde en propiedad. Esos alcaldes auxiliares controlaban la recaudación de las rentas por consumo de agua (la tarifa anual era de 45 pesos por cada grifo o pluma de agua). Podrían dar agua gratis a las personas necesitadas, y a las organizaciones caritativas; a todas luces compartían los fondos ilegales de las ventas de exenciones contributivas con personas de más alto nivel y autoridad, incluyendo posiblemente ciertos funcionarios del gobierno colonial radicados en Madrid.

Como en otras ocasiones, en sus dos primeros años Conant, con una fuerza de inspecciones de doce empleados, hizo una auditoría al Banco de España que incluía un examen exhaustivo de sus libros. En 72 horas, sus inspectores habían tomado record de más de 7,000 personas que estaban consumiendo agua de la ciudad sin pagarla. Sus nombres fueron clasificados por distritos y por calles, y un cierto número fue asignado a cada policía. Tomó una inmensa cantidad de trabajo, pero fue hecho a fondo. Más de 7,000 personas recibieron multas sustanciales por robar agua a la ciudad.

A la derecha, el *Acueducto de Albear*. Comenzó a operar en 1893, sustituyendo la *Zanja Real* y el *Acueducto Fernando VII*. A la izquierda *Ernest Lee Conant*, ingeniero y economista, ex-Profesor de la Universidad de Harvard, nombrado en 1899 por el General Ludlow como Director de la *Comisión de Finanzas de La Habana*.

Arriba, un viejo tranvía Español tirado por animales y con la plataforma en que podían viajar gratis los pasajeros; *debajo*, un moderno tranvía del *Harvey Syndicate (Havana Electric Railway Company)* inaugurado en 1899, con "*troleis*" que tomaban la electricidad de un tendido de cables sobre los carros.

En 1899 se modernizaron los tranvías en Cuba

A penas el Protocolo de Paz entre los Estados Unidos y España había sido firmado cuando una nueva invasión Estadounidense descendió sobre Cuba una vez el ejército Español se había ido a casa: los hombres de negocios Estadounidenses. El 1º de Febrero de 1899, La Habana estaba llena de Estadounidenses y, para decir la verdad, muchos residentes deseaban que no hubieran ido. Junto a los cientos de hombres que realmente tenían negocios legítimos para la isla, había muchos que eran meros aventureros, cazadores de fortuna, buscadores de franquicias, contratistas políticos y demás. La invasión, por supuesto, incluía numerosos corresponsales de periódicos.

Junto con los grandes hombres de negocios, había comerciantes de pequeño capital con la intención de abrir tiendas al detalle y, muy notablemente, los agentes de las cervecerías Estadounidenses, que cubrieron La Habana de una punta a la otra con pasquines litografiados anunciando cervezas Estadounidenses, dando a los Cubanos una idea exagerada de los *"Americanos"* como una nación de bebedores empedernidos.

Este segundo ejército de ocupación Estadounidense tomó posesión en los alrededores del Parque Central de La Habana. Sus huestes llenaban los cafés, abarrotaban las aceras, frecuentaban los taxis extensamente, llenaban los teatros de noche e hicieron de La Habana una ciudad donde en los distritos comerciales de la ciudad se hablaba más Inglés que Español.

Sin embargo, los *"peces gordos de los negocios"* no se veían. Tenían poco tiempo para beber en lugares públicos. Luchaban por posiciones estratégicas en el futuro de Cuba y participaban en una feroz competencia, especialmente la de empresas de grandes demandas de capital como el control del sistema de transporte público de La Habana.

Hubo muchas razones por las cuales el sistema de tranvías de La Habana parecía ser un excelente campo de inversión. Para empezar, el clima de la ciudad era tal que uno rara vez podía caminar más de unas pocas cuadras sin agotarse. Además, el sistema de tranvías de La Habana, a pesar de ser anticuado y mal dirigido, era conocido por pagar excelentes dividendos a sus inversores Españoles. Aunque había 6,000 taxis en la ciudad que brindaban un servicio rápido a precios muy razonables, era imprescindible un moderno sistema de tranvías que sirvieran a los cuatro suburbios más importantes de la ciudad, Vedado, Príncipe, Cerro y Jesús del Monte, y un sistema de lanchas transbordadoras para atender a Casablanca, Regla y Belot, al otro lado de la bahía.

Los pocos tranvías de la compañía Española que atendía a La Habana eran sucios y estaban viejos. Cada coche era arrastrado a paso de tortuga por tres mulas, excepto en la línea hacia el Vedado, donde las máquinas de vapor eran la fuerza impulsora. Durante los 15 años antes de la intervención Norteamericana, los soldados Españoles nunca pagaron tarifa en ninguna de las líneas, y en todas las líneas la costumbre era no cobrar tarifas a las personas que viajaban en la plataforma. Todo el sistema estaba en ruinas, con material rodante miserable y vías deterioradas; sin embargo, con todas estas deficiencias y con la corrupción que prevalecía en el funcionamiento del sistema, los tranvías pagaban enormes dividendos a sus accionistas.

Al anunciarse una nueva subasta para la concesión del sistema de tranvías de La Habana, hubo siete sindicatos interesados. Uno era conocido popularmente como el *Harvey Syndicate* de Nueva York, que fue el que aseguró el contrato. Tuvo que derrotar a un sindicato Inglés, conocido como *McLean y Dickinson*, un sindicato Inglés-Francés conocido como *Ruffel and Todd*, un sindicato Canadiense, respaldado por un *Sr. McKenzie y el Banco de Toronto*, un Sindicato de banqueros de Nueva York y Ohio bajo el nombre de *Tom Johnson Syndicate* y finalmente una compañía financiada por capital Americano, comúnmente conocida como el *Widener-Elkins Syndicate*.

La reunión para adjudicar la franquicia se llevó a cabo el 14 de Diciembre de 1898, y duró toda la tarde. Todos los sindicatos estaban representados por abogados Cubanos. Los discursos fueron tan intensos "... *como sólo los abogados Cubanos podían pronunciar,*" reportó el *New York Times*. La marea subía y bajaba pero finalmente ganó el lado de *Harvey Syndicate*, y se autorizó un contrato por diez años.

Bajo la compañía española existente, solo estaban en uso 60 carros. El *Harvey Syndicate* anunció que elevaría el total a 200. Se decidió la instalación de modernas fuentes de energía eléctrica para los carros: doble cable tendido a lo largo de todas las vías, ya que las fuertes lluvias del verano hacían que la fuente de energía hasta entonces utilizada por la compañía Española (debajo de los carros) era poco práctica. Más de 80 trabajadores Italianos fueron traídos de Nueva York, en gran parte porque no había trabajadores experimentados disponibles en Cuba, y porque la mano de obra Italiana estaba muy familiarizada con el tipo de trabajo requerido en tranvías citadinos.

Los tranvías modernos se extendieron por toda Cuba durante la ocupación Americana: Santiago de Cuba, Camagüey, Matanzas y Cienfuegos fueron las primeras ciudades después de La Habana. En la capital se crearon nuevas rutas circulando por el Vedado, Carlos III, el Príncipe, Muelle de Luz y la Víbora, con múltiples recorridos. Todas las calles importantes recibieron rutas: Galiano, Neptuno, San Lázaro, el Paseo del Prado, la Avenida del Puerto, la Calzada de Jesús del Monte, el Malecón, y la futura calle 23 en el Vedado. A la *izquierda* la línea que conectaba La Habana con Regla y Guanabacoa. *A la derecha* un tranvía Santiaguero, que utilizaba un sistema similar al de doble "troleis" de La Habana.

Los tranvías iniciales en Cienfuegos, Cárdenas y Matanzas, funcionaban con coches que dependían de acumuladores. En *Cárdenas*, el servicio tenía 12 coches y cubría unos 14 kilómetros: cuatro tranvías circulaban al mismo tiempo, otros cuatro se mantenían listos para salir en cuanto se recargaran sus baterías; los restantes estaban en reserva. En *Matanzas* llegó a haber 22 coches y 100 conductores; en sus talleres se llegaron a fabricar algunos tranvías. La foto a la *izquierda* muestra un tranvía de Cárdenas; la de la *derecha* un tranvía en la Calzada de Pedro Betancourt en Matanzas.

En 1898 la mitad Oriental de Cuba tenía una escasa y desarticulada red de ferrocarriles a pesar de estar allí gran parte de la riqueza del país. *William van Horne*, (foto a la izquierda) un empresario Norteamericano, creó el llamado *Ferrocarril de Cuba* (*Cuba Railroad*), basado en Camagüey, uniendo Santa Clara con Santiago de Cuba; una red de 573 km siguiendo el eje longitudinal de la isla. Fue el comienzo de una transformación y modernización total de los transportes en Cuba.

Al fin en 1899 los trenes Cubanos corrieron en hora

El viaje entre Pinar del Río y Habana era muy precario e inseguro en 1898. Las dificultades para mantener el camino en orden durante los años de la guerra significaron una lucha contra hombres con antorchas que quemaban estaciones; contra hombres con palancas que rompían milla tras milla de rieles, los torcían y los ocultaban. Era luchar junto a funcionarios de ferrocarriles que disparaban contra bandidos que los atacaban desde vehículos blindados; era cooperar con empleados de los ferrocarriles que lidiaban con explosiones de dinamita. Para las empresas ferrocarrileras, los años de la Cuba colonial significaron confiscaciones e impuestos que las autoridades Españolas establecieron como represalias por la supuesta simpatía de los obreros con la independencia. Por no hablar de la pérdida total de ingresos cuando España inmovilizaba los trenes exigiendo el traslado prioritario de sus tropas a expensas de incomodidades a los pasajeros que habían hecho sus planes de viaje.

Si algo era realmente molesto en los trenes de la colonia, sin embargo, era el costo de viajar. Un pasajero tenía que pagar aproximadamente cinco centavos por milla en oro, o siete a ocho centavos por milla en plata, para viajar en carros de ferrocarril viejos y atrasados en tecnología y comodidades pero anunciados como *"carruajes de primera clase"* y, peor aún, el viajero tenía que pagar media tarifa por un pequeño baúl de tamaño ordinario.

No es de extrañar que Cubanos y Españoles durante la Cuba colonial se burlaban del primitivo estilo de viajar en Cuba, y soñaban con tener el lujo de los viajes en autocar por las carreteras de montañas en el oeste de EEUU que se anunciaban en la prensa Americana.

Un agravante adicional era la enorme cantidad de cálculos y anotaciones que tenía que hacer el agente de viajes antes de poder vender un boleto. Una vez a bordo, el viajero tenía que sufrir las lámparas humeantes, los molestos tres arranques repentinos de la locomotora antes de que el tren se moviera, el estruendoso toque final de una campana por el jefe de equipajes como una señal de que el tren realmente se iba, el hacinamiento de los pasillos atascados con equipaje no declarado por el cual los pasajeros no pagaban peaje, y los muchos hombres en el tren, desde el conductor hasta los inspectores, fumando tabacos de poca calidad. Todo esto hubiera sido rechazado por los viajeros Estadounidenses, acostumbrados como estaban al lujo de los carros *Pullman* por los que pagaban cuotas similares a las de Cuba.

Aquí están las palabras de W. F. Allen, el editor de la *Guía de Viajeros de los Ferrocarriles de Norteamérica*, una autoridad en la materia, cuando escribió sobre el tema de los ferrocarriles Cubanos en los años que precedieron la ocupación Norteamericana:

> «*Los ferrocarriles de Cuba se han quedado atrás con respecto a los tiempos, cuando se consideran cuidadosamente las condiciones en las que brindan servicios y el tráfico que deben proveer. Los caminos están mal tendidos de rieles de acero, muchos de los conmutadores para cambios de vía son de tipo stub, y son pocos los interruptores tipo split que ya están en uso en Europa y los Estados Unidos. Los acoplamientos entre vagones son del estilo antiguo de enlace y pin, y hay muy pocos acopladores automáticos. Los trenes de pasajeros no están aun equipados con frenos de aire. Los carros de carga son de dimensiones mucho más pequeñas que los que ya se usan en los Estados Unidos, más bien como los que se usaban hace treinta años. Para proteger la carga de la lluvia, en Cuba se utilizan tapas metálicas con bisagras permanentes, ya obsoletas en otras partes, en lugar de las fundas de lona utilizadas en vagones de mercancías Inglesas, Francesas y hasta Rusas.*
>
> *Los agentes de boletos no tienen tiempo para ofrecer cambio a los usuarios. Lidian con tres monedas: el dólar Estadounidense, el oro Español y la plata Española. Un dólar Estadounidense vale $ 1.07 en oro Español y $ 1.66 en plata Española, según las tasas publicadas. Esas tarifas son reguladas por los términos de cambio de moneda del gobierno en las oficinas de Correos y la Aduana. Los valores reales del oro y a plata varían de un día a otro, afectando la tasa de cambio, la cual se anuncia en los diarios. En Cuba, los agentes de boletos de los trenes no tienen tiempo ni para enterarse de las tasas de cambio anunciadas ni para tener cuidado al reintegrar con precisión lo que deben devolver a los clientes.*»

Teniendo en cuenta todas estas deficiencias, uno se preguntaba en 1899 cómo los trenes, sólo unas pocas semanas después de terminada la guerra, se las arreglaron para funcionar casi normalmente. La respuesta era el extraordinario esfuerzo de renovación y modernización, a un costo sustancial, que trajo la ocupación Norteamericana a la industria ferrocarrilera Cubana.

A la izquierda una caricatura de 1899 en el periódico habanero *El Curioso Americano* mostrando una Cuba que duerme y a la cual viene a despertarla un hombre de negocios Americano. *A la derecha* acciones de *The Cuba Company*, una empresa con accionistas Americanos y Cubanos muy activa en los primeros años de la República.

En 1899 los Cubanos resultaron ser negociadores astutos.

En 1898, el Congreso de los Estados Unidos aprobó la *Enmienda Foraker*, diseñada para prohibir el otorgamiento de concesiones a inversionistas Americanos por parte del gobierno militar de los Estados Unidos durante la ocupación de 1898 a 1902, mientras que Estados Unidos retuviera el control administrativo y político sobre Cuba. El gobierno militar, sin embargo, eludió la *Enmienda Foraker* y permitió que varias compañías e individuos Estadounidenses invirtieran en Cuba, pensando que sería beneficioso tanto para Estados Unidos como para Cuba.

El general Leonard Wood, un administrador ejemplar durante el período de reconstrucción de Cuba, permitió a compañías como *The Cuba Company* encontrar suficientes lagunas en la Enmienda Foraker para anular el efecto deseado. De manera similar, guió la *Convención Constituyente Cubana*, convenció a los cubanos de hacer la elección correcta al admitir que la *Enmienda Platt* era lo mejor para sus intereses, aconsejó a las corporaciones Estadounidenses que invertían en la isla e influyó en todo lo que ocurrió en Cuba durante su mandato.

Wood creía que Cuba nunca podría ser parte de los EEUU, pero que podía beneficiarse de su cercanía al vecino del Norte, y que necesitaba un vínculo más íntimo que la proximidad geográfica. Un resultado tangible de sus esfuerzos fue que al llegar a ser independiente la futura Nación Cubana, estuvo gobernada por líderes políticos y económicos que eran muy afines a las élites Estadounidenses. Esos Cubanos establecieron en Cuba gobiernos y estructuras sociales, políticas y económicas profundamente similares a las de los EEUU.

Con el curso de los años, algunos Cubanos izquierdistas argumentaron que Wood había forzado a Cuba a caer esclavizada en manos de una América Imperialista; la realidad fue que el éxito de los inversionistas Estadounidenses en Cuba siempre dependió en gran medida de sus vínculos con ejecutivos Cubanos. La historia demostró que los Estadounidenses, como astutos capitalistas, nunca ocultaron a sus homólogos Cubanos un interés personal en el éxito de sus inversiones. La historia también demostró que los Cubanos eran negociadores extremadamente astutos e inteligentes. Esperaban una horda de capitalistas Estadounidenses tan pronto como terminara la guerra, y estuvieron preparados para ello.

Los bienes inmuebles, especialmente las tierras productoras de tabaco, azúcar y ganado, subieron al doble de los precios cotizados antes de la guerra; a pesar de las prescripciones de la *Enmienda Foraker*, la demanda de oportunidades de los Estadounidenses fue muy concreta. Altos precios fueron la norma de todo lo que tenía un valor real, tierras, comercios, minas, edificios, fincas, muelles, playas, incluso con la incertidumbre del futuro del país. Cientos y probablemente miles de Estadounidenses que fueron a la isla con la esperanza de obtener gangas y rápidas riquezas, como generalmente sucede con la reconstrucción de un país que quedaba desolado por la guerra, regresaron a casa decepcionados y desanimados.

En el *Kansas City Times* de Mayo de 1898, el **Tío Sam** consuela a Cuba, que acaba de sufrir los rigores de una amarga guerra.

El título formal de la *Enmienda Foraker* era: **Sección Segunda de la Ley de Créditos del Ejército de los Estados Unidos para el año económico de 1899 a 1900.**

En una caricatura publicada en el *Boston Journal* en 1899, el **Tío Sam** trata de indicarle a Cuba que no va a haber independencia por un buen tiempo.

Alumnos de quinto grado de la *Escuela Metodista en Güines* en 1900. En esa época las escuelas de los EEUU no estaban integradas racialmente, pero esta escuela si lo estaba. En la foto 48 estudiantes de la raza negra y 20 blancos.

Cuba, 1900: las Escuelas de los Ministros Protestantes

Hubo un tipo de visitante Estadounidense a Cuba en 1899 cuya intención y misión no podían ser resentidas ni cuestionadas: los *Misioneros Protestantes Americanos*. No sólo trajeron nuevas experiencias religiosas a los fieles en la isla, sino que también comenzaron a establecer y mantener buenas y muy necesarias escuelas.

Cuando los misioneros Americanos llegaron a Cuba al comienzo de la ocupación Estadounidense, se enfrentaron a un país devastado por la guerra, que había sufrido el abandono por parte de las autoridades Españolas y, lamentablemente pero es cierto, de la Iglesia Católica. España había designado a la Iglesia como la responsable principal de la educación pública. A medida que la isla luchaba durante los últimos años del siglo XIX, la educación se echó a un segundo plano con respecto a los compromisos con la Independencia o la Autonomía. Tanto el gobierno como la Iglesia asignaron muy poco dinero para la educación, especialmente en las áreas rurales. No fue solo la Iglesia y el gobierno los que los misioneros Estadounidenses encontraron causantes del problema. También descubrieron que el *espiritismo*, muy común en las áreas rurales, y con una influencia muy negativa en Cuba, fue uno de los causantes del desinterés por la educación. Por muchos años el *espiritismo* había sido sumamente común entre la gente pobre y era la razón principal de la difusión del *"paganismo, ateísmo e incluso infidelidad marital"*.

El Secretario de Guerra, Elihu Root, y en particular todos los subordinados de Wood, compartían la preocupación por los males del analfabetismo. La fe que Wood y sus asociados tenían en el poder de la escuela para provocar cambios positivos dio lugar a una cruzada formativa para educar a los cubanos. Bajo la guía del Teniente *Matthew E. Hanna*, se desarrolló en Cuba un sistema de escuelas públicas que se ajustaba a las leyes y seguía el exitoso modelo de Ohio. Se estableció un vasto sistema educativo que incluía escuelas primarias y secundarias, escuelas dominicales, escuelas comerciales, campamentos bíblicos y seminarios. En todas partes, el plan de estudios incluía instrucción en Inglés.

Desde el primer grado en adelante, todas las materias fueron enseñadas utilizando libros de texto Estadounidenses traducidos al castellano. La *Universidad de Harvard* fue movilizada en un esfuerzo por preparar y capacitar a maestros Cubanos durante sus vacaciones de verano; más de mil viajaron eventualmente a Boston para recibir capacitación básica, intermedia y avanzada.

Además del deseo de evangelizar a los Cubanos, el objetivo de los Misioneros Protestantes fue formar una sociedad Cubana consistente con los valores Estadounidenses. En las escuelas superiores, los Cubanos de clase alta y media fueron preparados para puestos de liderazgo, mientras que los ciudadanos de clase humilde fueron educados para convertirse en trabajadores en ocupaciones trascendentales de servicio como agricultores, plomeros, carpinteros, secretarias y amas de casa. Una célebre cita de Aristóteles (350 AC) fue repetida cientos de veces por Leonard Wood en casi todas sus presentaciones a los maestros:

> *«El ciudadano debe ser moldeado para adaptarse a la forma de gobierno bajo la cual vive. Cada gobierno tiene un carácter peculiar que fue adoptado originalmente y que continúa preservándolo. El carácter de democracia crea la democracia, y el carácter de la oligarquía crea la oligarquía; cuanto mejor sea la educación, mejor será el gobierno.»*
>
> [Aristóteles, 350 AC]

Comenzando en 1899, fue impresionante ver a madres y niños ir en masa a las oficinas municipales para matricularse en las escuelas establecidas por Ministros Protestantes. Los niños venían solos, de dos en dos o tres, siempre con sus madres, que con lágrimas en los ojos agradecían a los Misioneros por sus esfuerzos de abrir escuelas. Fue muy interesante saber que invariablemente sus esfuerzos por establecer escuelas encontraron el éxito.

A la izquierda, *Teniente Matthew E. Hanna*, una importante figura en la creación de nuevas Escuelas Cristianas en Cuba en 1900; a la derecha, una clase para futuros maestros y maestras de geografía para la escuela primaria Cubana.

Una foto de los maestros Cubanos de Santa Clara y Puerto Padre en uno de los jardines de la *Universidad de Harvard* en Julio de 1899.

De pronto un generoso proyecto espectacular...

Nadie sospechaba en Julio de 1900 la razón por la cual los buques de guerra *McClellan, McPherson, Crook, Sedgwick* y *Burnside* partieron de Cuba llevando una asombrosa excursión a la ciudad de Boston. Más de 1,200 maestros Cubanos, escogidos cuidadosamente a lo largo de toda la Isla, viajaron a Cambridge, preparados para estudiar durante ocho semanas en la *Harvard's Summer School for Cuban Teachers*. Allí iban a ser entrenados en temas de cultura general y pedagogía. No pocos de ellos, originalmente vecinos de pequeños poblados que nunca habían viajado en barco, aun mostraban los estragos de 30 años de guerra, pero todos estaban comprometidos a crear en Cuba una moderna República.

Nunca la historia había registrado a un país ocupado militarmente recibiendo tal generosidad por parte del país ocupador. Uno de los maestros Cubanos que participaron de esa experiencia, *Ramiro Guerra*, escritor y periodista, a su vuelta escribió en el *Diario de la Marina*...

> «...Increíble: cinco transportes de la Marina de Guerra condujeron los maestros desde los puertos Cubanos a Boston, después a Nueva York y Filadelfia, y al final de su espléndida misión los trajeron de nuevo a Cuba...»

Otro de los maestros, el Guantanamero *Regino Boti*, escribió en el periódico *El Managüí* de Santiago de Cuba...

> «Para seducirnos nos tendieron una red al parecer débil, pero que fue fuerte y convincente: el viaje de los maestros Cubanos a Estados Unidos.»

Todos los periódicos de la época, en los EEUU, Cuba y Europa, se dieron gusto relatando los detalles de la *Escuela de Verano de Harvard para Maestros Cubanos*. Todos mencionaron que el grupo Cubano...

> «...consistía de maestros blancos, negros y mestizos, rompiendo con los estándares de la época y con la uniformidad racial de la mayoría de los estudiantes de Harvard ese verano...»

Maestros y maestras a bordo de los transportes Norteamericanos en camino a *Harvard University*.

Los tres grandes promotores del proyecto: *de izquierda a derecha*, **Charles W. Elliot**, rector de la *Universidad de Harvard*, **Clarence Mann**, administrador de la *Escuela de Verano de Harvard para Maestros Cubanos*, y **Alexis E. Frye**, Superintendente de Escuelas de Cuba por nombramiento del General Wood.

La prensa mundial se hizo eco de ese maravilloso e inusitado proyecto educativo de los EEUU para beneficio de un país que ocupaban militarmente.

Un grupo de Cubanos exiliados acabados de llegar de Cayo Hueso retratados frente al Municipio de Las Tunas, en 1891.

¿Eran más Cubanos los exiliados o los que se quedaron?

Una de las preocupaciones persistentes para los Cubanos que apoyaron la guerra y permanecieron en Cuba durante todos esos años se presentó a medida que más y más exiliados Cubanos regresaban a la isla después de años de vida pacífica y productiva en los EEUU.

El tema se volvió crítico cuando frecuentemente los Cubanos que regresaban eran contratados por el gobierno de ocupación y por negocios de todo tipo en detrimento de los Cubanos que, al no irse de Cuba, no se habían beneficiado de una experiencia Estadounidense. Era razonable que habiendo vivido en los EEUU, hablando más o menos fluidamente en Inglés y probablemente habiendo recibido una mejor educación que la recibida por los que quedaron en la isla, los exiliados tenían ventaja. Los que retornaban a Cuba eran considerados mejores prospectos para trabajar que los Cubanos que se habían quedado en la isla.

El problema pronto se desarrolló en una búsqueda de lo que se entendía por *Cubanidad* o *Cubanía*. Ambos términos, vagamente definidos por los angloparlantes como *Cubanness*, se refieren a la esencia de ser <u>Cubano</u>. La complejidad del término, sin embargo, de alguna manera se extendió a todos los aspectos de la vida en Cuba, su gente, música, religión, comida, pensamiento, auto imagen, educación, política, etc. ¿Era necesario, para ser considerado Cubano, haber sido testigo o ser un personaje central de los eventos que se habían perpetrado contra la gente de la isla durante muchos años? ¿O simplemente era suficiente sentir que uno pertenecía a Cuba?

Algunos Cubanos que ya tenían el poder político en la isla afirmaban que aquellos que se habían ido al exilio, cualesquiera que fueran las razones, ya no podían reclamar legítimamente los sentimientos de *Cubanía*. Muchos Cubanos del otro lado refutaban que no era lógico ni ético equiparar *Cubanidad* o *Cubanía* con ser residentes, ya que miles de personas que vivían en Cuba eran descendientes de aventureros que regresaban a España cargados del botín de la conquista, que decidieron hacer de Cuba su última parada.

Otro argumento popular fue que el sentido de *Cubanidad* emergía del suelo de la isla y era incrustado en las almas de aquellos que vivían allí, pero no era necesario haber nacido en la isla para experimentar la *Cubanidad*. ¿Era la *Cubanidad* una cuestión de nacimiento o de deseo? ¿Era posible tener *Cubanía* y nunca haber puesto un pie en la isla de Cuba? Quién estaría dispuesto a quitarle a Gonzalo de Quesada su *Cubanía*?

Para complicar aún más las cosas, vino el tema de la desaparición de la *Cubanidad* o la *Cubanía* cuando una persona tiene el deseo de ser parte de los EEUU. ¿Se requiere simplemente una *transculturación*? En Cuba, de hecho, hubo transiciones de poder político y cultural durante cinco siglos. Un claro ejemplo fue el período tras la toma de La Habana por los Ingleses.

Cuando alguien desea ser parte de los EEUU, ¿Es que eso inevitablemente lleva a la pérdida de sentimientos hacia Cuba? No puede descartarse que, en efecto, la cultura Siboney fue aniquilada por los Taínos y rápidamente desapareció de la isla; e igualmente los negros Africanos sin duda estaban en el proceso de perder su *Áfricanidad* después de vivir en Cuba durante tantos años, incluso a pesar de haber estado en la isla porque habían sido capturados por criminales y obligados a trabajar como esclavos.

A todas esas preguntas se enfrentaron los Cubanos al recibir los exiliados una vez derrotada España y terminada la colonia.

Un dibujo en el periódico *El Avisador Comercial* de La Habana en 1899 acompañó a un artículo que hizo la pregunta... ¿Son todavía Cubanos los que se fueron de la isla y sólo volvieron al final de la guerra?

A la *izquierda*, el General *James H. Wilson*, Jefe Militar de Matanzas durante la ocupación Norteamericana; a la *derecha*, una de las muchas reuniones públicas organizadas por Wilson, en este caso frente al ayuntamiento de Matanzas, para informar al pueblo Matancero de los progresos durante su mandato.

Las condiciones en Matanzas durante la ocupación

Tanto interés en la reconstrucción de Cuba se centró en La Habana y Santiago que poco se escuchaba de lugares como, por ejemplo, Matanzas. No hubo un trabajo más exhaustivo, provechoso, enérgico y satisfactorio durante la ocupación militar de EEUU en Cuba que en la provincia de Matanzas bajo la dirección del General *James H. Wilson*. Como resultado, probablemente en Matanzas y su provincia hubo menos fricciones sobre la gestión Americana que en cualquier otro lugar de Cuba.

La razón principal de esta cordialidad fue la actitud del General Wilson y sus tropas con respecto a los Cubanos. Cuando se supo, por ejemplo, que el General Máximo Gómez venía a la ciudad, el General Wilson dio las siguientes órdenes:

>*«Haga que el general Gómez se sienta cómodo y haga todo lo posible para que se sienta como en casa. Avise a todas nuestras tropas para darle la bienvenida. Todas nuestras fuerzas deberían salir, y tomaré cualquier lugar en la línea de bienvenida que los encargados de la recepción puedan designar.»*

Otro ejemplo: Cuando Cárdenas fue ocupada por las tropas Americanas había 40 prisioneros en la cárcel, a ninguno de los cuales se le había hecho juicio. El General Wilson los liberó a todos, advirtiéndoles de severas consecuencias si eran atrapados otra vez en un acto ilegal. Meses después no había un preso en la cárcel, y los Cardenenses izaron una bandera sobre el edificio en conmemoración del hecho.

Uno de los primeros actos el general Wilson fue hacer un viaje en tren y a caballo por toda la provincia visitando ciudades, pueblos y aldeas. Su tren especial consistía en un vagón para varios pasajeros, con la mitad de los asientos quitados para proveer espacio para cunas y ropa de cama, un vagón de cocina y dos vagones de carga para caballos. Wilson tomó notas exhaustivas. Anotó la cantidad de personas en cada lugar, su condición física, moral y mental; notas sobre la condición de la agricultura y quiénes eran los oficiales de cada lugar; cuantas personas hambrientas y empobrecidas había; el estado de la educación y la religión; cuántas cabezas de ganado, cerdos y caballos había; en resumen, todo lo que era de interés humano en cada pueblo y aldea bajo su control.

A fines de 1894, por ejemplo, había 102,000 caballos en la provincia. En Enero de 1899, quedaban 8,800. A principios de 1899, habían bajado a 3,700. La población de la provincia de Matanzas era 272,000 en 1894; en 1899 la población era sólo 191,000. Prácticamente un tercio de las personas murieron durante la guerra. El porcentaje de inanición por la reconcentración de Weyler fue mayor en Matanzas que en cualquier otra ciudad de la isla, pero en las ciudades pequeñas de la provincia era incluso mayor que en la ciudad de Matanzas. En el pequeño poblado de Mocha, por ejemplo, en 1894, había 80 casas y 600 personas. El General Weyler reconcentró allí 4,500 personas, sabiendo que muchas morirían de hambre. En 1899 quedaban 1,280 personas en Mocha. 70% de las personas conducidas a Mocha murieron de inanición.

Matanzas, como La Habana, fue cuidadosamente baldeada e higienizada por las autoridades Americanas, principalmente por 200 prisioneros y más de 600 residentes contratados para ayudar en el trabajo que Wilson puso bajo la supervisión del General Pedro Betancourt. Betancourt, un verdadero héroe Cubano, había luchado muchas batallas campales con las fuerzas Españolas muy cerca de la ciudad, en la llanura abierta y en las laderas de los pies sobre el famoso Pan de Matanzas.

Con el plan de Wilson entre 20,000 y 30,000 personas fueron alimentadas diariamente durante meses. El plan incluyó buscar empleo para los pobres. Las tropas Americanas visitaron e higienizaron todos los hospitales de la ciudad. Wilson desarrolló normas para mejorar el comercio; fue tan bien informado de ese tema que citaba cifras de memoria sobre el volumen mensual de embarques de azúcar desde Cárdenas y Matanzas. En 1894, sabía que habían sido 2,471,000 sacos y que en 1898 habían bajado a 920,000 sacos. En Matanzas en 1899 el salario del trabajo no calificado era de US$ 0.40 por día, y el costo de vida (renta, transporte, ropa, calzado) $ 0.25 por día, lo que dejaba sólo US$ 0.15 para arroz, frijoles, otras comidas y el resto para otras necesidades.

Wilson abrió nuevas fuentes de trabajo que hicieron subir esas cifras en un 40%. Parte de ello lo logró gracias a las estadísticas que hizo tomar sobre las 500 millas de ferrocarriles en la provincia y sobre los intereses marítimos de los diversos puertos.

El General Wilson en repetidas ocasiones mantenía a la ciudadanía informada de sus gestiones por medio de reuniones abiertas al público. El

General Cubano Pedro Betancourt Dávalos, graduado de Medicina en la Sorbona en Paris y líder de tropas Mambisas, actuaba siempre como intérprete. En una de sus conferencias, reportada en el periódico Matancero *La Aurora*, el General Wilson dijo:

> «*Dígales, General Betancourt, que he estado en todos los países del Hemisferio Norte, y nunca he visto ningún lugar con más evidencias de fertilidad y posible riqueza que Matanzas, donde se puede plantar y cosechar todos los días del año. Estoy muy sorprendido de encontrar a la gente tan meritoria e industriosa. La impresión que prevalece en muchas partes del mundo es que los Cubanos no son industriosos, y son personas livianas y triviales; pero cualquiera que tenga esa opinión se verá obligado a cambiarla si viene a Matanzas.*»

A lo cual respondió el General Betancourt:

> «*Si ha encontrado el país fértil y la tierra rica, también encontrará los corazones Cubanos muy ricos en su gratitud y aprecio. A medida que el país se enriquece, debido enteramente a la ayuda que le brindan los Estados Unidos, los corazones Cubanos crecen diariamente en su aprecio y amor por la gran república Estadounidense.*»

A la derecha, arriba, una foto de las festividades en la ciudad de Matanzas el *20 de Mayo de 1902*, con la instalación de la República; *a la izquierda, debajo,* una foto de 1899 del *Rio San Juan* en Matanzas; a la derecha, el General Betancourt.

Epílogo

La administración militar Norteamericana bajo la dirección del General *Leonard Wood*, entre 1899 a 1902, dejó reinstalado en la isla un vigoroso sistema de educación pública y cívica; amplió una deficiente red de ferrocarriles, renovó carreteras y puentes, logró dragar y limpiar casi todos los puertos importantes de Cuba, edificó y renovó faros, modernizó y saneó todas las grandes ciudades, incluyendo La Habana, y estableció planes para su alcantarillado y pavimentación; reorganizó el arcaico sistema carcelario, formó un Cuerpo de Policía en cada ciudad y una Guardia Rural profesional, ambos compuestos fundamentalmente de ex oficiales y soldados del Ejército Mambí, y estructuró un programa de salud pública capaz de desarrollar imponentes campañas sanitarias en las que participaron los más prestigiosos epidemiólogos cubanos de la época como los doctores Carlos J. Findlay y Juan Guiteras Gener. El resultado de esos esfuerzos sanitarios fue la desaparición en Cuba del azote de la fiebre amarilla.

Esos esfuerzos dieron lugar a los extraordinarios índices de desarrollo que Cuba exhibió en el primer cuarto del siglo XX, a pesar de haber sido figuras de segundo orden (José Miguel Gómez, Mario Menocal, Alfredo Zayas y Gerardo Machado) las que ocuparon las principales posiciones ejecutivas de la isla durante esos años. La ausencia de hombres de calibre independentista como Martí, Maceo, Gómez, Céspedes, Agramonte, Estrada Palma, Francisco Vicente Aguilera y muchos otros, se hizo notar casi de inmediato. Los esfuerzos políticos y cívicos de esos años se vieron frecuentemente contaminados por corrupción y excesos de lacra y ambición. Esos errores imperdonables dieron lugar en 1933 a una revolución infausta y desastrosa, calificada como tal por figuras como Lydia Cabrera, Gastón Baquero, Jorge Mañach y Orestes Ferrara. En los años posteriores a 1933 aumentó el desastre republicano Cubano al desencadenarse una era de pandillismo, depredación, terrorismo, subversión y robo desordenado a la hacienda pública en gran escala, que dio lugar a la desaparición de la República en el atraco y secuestro marxista de 1959.

Lamentablemente, desde el día que terminó su período presidencial Don Tomás Estrada Palma, posiblemente el primero y único presidente honesto en la historia de Cuba, comenzó a crearse una falsa historiografía que no hubieran compartido los lideres que evocaban la república desde los días de la insurrección.

Con lo que Cuba logró durante la ocupación Americana, aunque se haya avenido a las intenciones económicas de los Estados Unidos, Cuba entró en una era de prosperidad y modernización que la puso al frente del mundo Hispano. La ocupación Americana de 1898 a 1902 no fue ni una iniquidad ni un ejercicio de sometimiento y despotismo hacia Cuba.

Aunque no puede negarse que también fue de beneficio para los Estados Unidos, fue un esfuerzo magnánimo y generoso que un país poderoso como el vecino del Norte pudo ahorrarse si hubiera querido fácilmente someter a Cuba a la fuerza y hacerla una colonia sumisa y disciplinada dada su superioridad militar y económica.

El veredicto indiscutible sobre la Revolución del '33, sin embargo, es funesto. Ante un presidente abusivo y aquejado de poder, el '33 fue un arrebato desalmado que abrió las puertas a la violencia, las bombas, los secuestros y la incivilidad. Al justificar el terror como estrategia válida para alcanzar el poder, los exacerbados enemigos de Machado crearon la base en que se construyó el asalto marxista 25 años después. La Revolución de 1933 insensibilizó a los Cubanos para no ver crimen alguno en el asalto al Moncada en 1953; años después los ensordeció ante los juicios revocados a los pilotos en 1959; no fue un soplo de renovación cívica del cual pueden estar orgullosos los Cubanos.

La reclamación que en Cuba no hubo libertad política antes de 1959 es totalmente falsa. En la República anterior a 1959 (Ramón Grau San Martín, Carlos Mendieta, Carlos Prío e inclusive Fulgencio Batista) no hubo siempre democracia pero hubo siempre libertad; con interrupciones, conspiraciones, componendas, golpes de Estado y revueltas, pero hubo siempre libertad.

En la narrativa de estas páginas se ha presentado evidencia del progreso de Cuba durante los años de ocupación Norteamericana. Algo que el lector descubrirá en el *Apéndice B* es que los esfuerzos y logros de esos 4 años no necesitaron grandes inyecciones de capital foráneo. La aportación principal de la gran nación Norteamericana fue traer a Cuba numerosos miembros voluntarios de sus Fuerzas Armadas y de la Cruz Roja Americana. Durante la ocupación, también trajeron a Cuba sus energías y dedicación y una generosa *transferencia de tecnología* que fue trascendental para una isla que por muchos años estuvo vedada a la modernidad y los avances tecnológicos.

Las increíbles obras de saneamiento, organización, limpieza, pavimentación, educación, higiene y atención social, médica y económica, se lograron en buena parte con los ingresos normales de que disponía la isla una vez recuperadas las pérdidas materiales y humanas de la guerra.

Lo logrado en cuatro años de ocupación Americana pudo haber sido una gran lección para las generaciones de Cubanos que asumieron el control de sus destinos en 1902. La generosidad de la tierra Cubana y el talento de su gente hubieran sido más que suficientes para hacer de Cuba una nación próspera y feliz. La honradez política y administrativa era, sin embargo, el único requisito para continuar el camino de progreso a que se enfrentaba la joven República de Cuba.

Lamentablemente no ocurrió así.

Apéndice A

Siete Documentos importantes expedidos entre 1898 y 1902 en los Estados Unidos.

1 - El Ultimátum a España.

April 20, 1898.

to STEWARD L. WOODFORD, *US Minister to Spain, Madrid*:

You have been furnished with the text of a joint resolution voted by the Congress of the United States and approved to-day in relation to the pacification of the island of Cuba. In obedience to that act the President directs you to immediately communicate to the Government of Spain said resolution, with the formal demand upon the Government of Spain to at once relinquish its authority in the island of Cuba and withdraw its land and naval forces from Cuba and Cuban waters. In taking this step the United States hereby disclaims any disposition or intention to exercise sovereignty, jurisdiction or control over the island except for the pacification thereof, and asserts its determination, when that is accomplished, to leave the government and control of the island to its people under such free and independent government as they may establish.

If by the hour of noon on Saturday next, the 23d day of April, there be not communicated to this Government by the Government of Spain a full and satisfactory response to this demand and resolution, whereby the ends of peace in Cuba shall be assured, the President will proceed, without further notice, to use the power and authority enjoined upon him by the said joint resolution to such extent as may be necessary to carry the same into effect.

JOHN SHERMAN, *US Secretary of State.*

2 - La Declaración de Guerra.

April 25, 1898.

Be it enacted: First. That war be and is hereby declared to exist, and that war has existed since the 21st day of April, A. D. 1898, including said day, between the United States of America and the Kingdom of Spain. Second That the President of the United States be and he hereby is directed and empowered to use the entire land and naval forces of the United States and to call into the actual service of the United States the militia of the several States to such extent as may be necessary to carry this act into effect.

3 - Revocación de la Reconcentración.

March 30, 1898.

Article 1. After the publication of this order the reconcentrados and their families will be allowed to return home in the provinces of Pinar del Rio, Havana, Matanzas and Santa Clara.

Article 2. Orders all relief committees and military authorities to facilitate the workings of the decree and also to aid the reconcentrados in selecting and securing new houses.

Article 3. Directs the Colonial Government, through its Secretary and Ministerial officers, to prepare to execute all necessary orders to secure for the country people work on public improvements, and also to give food, by economic kitchens, to all the suffering, attention being called
to those on the small country estates.

Article 4. All the expenses over and above the funds now in the hands of the committee are to be provided for under the head of an extraordinary war credit.

Article 5. All former orders of reconcentration are abrogated.

4 - La falsa Coalición Europea en contra de los Estados Unidos.

> Saturday, March 19, 1898.
>
> To all officers of the US Army and Navy:
>
> All classes of Great Britain and the majority of British press are alleged to be enthusiastic supporters of the policy of the United States toward Spain.
>
> The Spanish newspaper, *El Globo*, however, ridicules the United States Navy. Same paper reasserts that Emperor William of Germany has declared that the United States will not be allowed to wrest Cuba from Spain. Same paper predicts European coalition against the United States.
>
> JOHN SHERMAN, *US Secretary of State.*

5 - El Desafío de España.

> Monday March 21, 1898
>
> To all officers of the US Army and Navy:
>
> Spanish Foreign Minister has declared in the Cortes that relations with the United States have been terminated.
>
> Marshal Campos makes patriotic speech in Cortes, declaring that integrity of Spanish territory will be maintained.
>
> Spanish naval squadron at Cape Verde Islands reported to be awaiting orders, with fires banned.
>
> Call for 80,000 Spanish reserves authorized.
>
> National subscription in behalf of Spain opened in Paris. (Similar subscriptions were opened in many countries subsequently; they were stopped in Great Britain; efforts to check them nearly precipitated internal dissension in Uruguay.)
>
> JOHN SHERMAN, *US Secretary of State*

6 - La Iglesia Católica Americana ofrece oraciones por el Éxito de los EEUU.

> April 21, 1898
>
> Archbishops of the Catholic Church in the United States have issued circular letters directing prayers in all churches for the success of the United States in the present war.
>
> The activity of Pope Leo in negotiations with the Spanish Queen Regent and Austrian Emperor looking to the peaceable adjustment of the Spanish-American controversy created the impression in some circles that Catholic sympathy as a whole lay with Spain.
>
> American Catholics resented this imputation. Some influential Catholics were reported to have urged the Pope to discontinue his efforts at mediation because of the misinterpretation of his action likely to be made by persons in the United States hostile to the Catholic Church.

7 - La participación Cubana en el desembarco de tropas Americanas.

> May 28, 1898
>
> To Cuban leader Bartolomé Masó, President of the Republic of Cuba; Tomás Estrada Palma, Delegate to the United States; Máximo Gómez, General-in-Chief of Cuban Army; Calixto Garcia, General in command of Eastern Division of the Cuban Army; Horatio Rubens, Counsel to the Cuban Junta:
>
> The following count of Cuban army support for the troops of the United States has been issued in a recent communiqué:
>
> (Estimates by Lieutenant-Colonel Charles Hernández.)
>
> Under General Gómez, 3,000 men concentrated; with 6,000 men additional at scattered points.
>
> Under General Calixto García Headquarters in Bayamo, 3,000 men; 9,000 additional men scattered, and all east of *La Trocha*.
>
> GONZALO DE QUESADA, *Secretary of the Cuban Junta in the United States.*

Apéndice B

Documentación de la Tesorería Norteamericana sobre Ingresos y gastos durante la ocupación Norteamericana en Cuba

Summary of revenues and expenditures in Cuba during American administration, from July 18, 1898, to May 19, 1902, as certified by the Auditor for Cuba.

REVENUES.

July 18, 1898, to June 30, 1899:
- Customs $7,228,460.60
- Postal 151,585.40
- Internal 347,431.89
- Miscellaneous 234,345.66
  - $7,961,823.55

Fiscal year 1900:
- Customs 16,068,035.90
- Postal 258,148.03
- Internal 884,783.29
- Miscellaneous 175,308.15
  - 17,386,275.37

Fiscal year 1901:
- Customs 15,950,526.91
- Postal 367,950.60
- Internal 658,585.92
- Miscellaneous 184,003.23
  - 17,161,066.66

July 1, 1901, to May 19, 1902:
- Customs 13,402,917.15
- Postal 335,956.61
- Internal 688,581.67
- Miscellaneous 260,519.79
  - 14,687,975.22
    - $57,197,140.80

Apéndice B
(continuación)

EXPENDITURES FROM JULY 18, 1898, TO JUNE 30, 1899.

Barracks and quarters	$447,415.90
Sanitation	1,066,075.28
Rural guard and administration	408,079.34
Public works, ports, and harbors	170,365.41
Charities and hospitals	176,256.79
Miscellaneous	625,700.22
Aid to destitute	131,705.36
Quarantine	22,707.70
Jucaro and San Fernando Railroad	10,908.50
Expenditures by collectors of customs	130,435.26
Other customs expenditures	242,297.31
State and Government	188,628.78
Justice and public instruction	266,498.96
Finance	147,557.37
Agriculture, industry, commerce, and public works	101,354.62
Municipalities	1,358,162.29
Extraordinary payments ordered by the general commanding at Santiago in 1898	64,346.71
Postal expenditures	223,492.75
Loss in exchange	2,630.18
Revenues refunded	3,725.16
Total	5,788,343.89

EXPENDITURES DURING FISCAL YEAR 1900.

Barracks and quarters	$1,349,671.96
Sanitation	3,480,277.48
Rural guard and administration	1,702,450.33
Public works, ports, and harbors	881,963.38
Charities and hospitals	814,132.26
Miscellaneous	208,735.74
Aid to destitute	92,623.17
Quarantine	224,332.91
Jucaro and San Fernando Railroad	27,457.00

a Deduction.

Apéndice B
(continuación)

EXPENDITURES FROM JULY 1, 1901, TO MAY 19, 1902.

State and Government:	
Central office	$159,041.78
Hospitals and charities	580,369.64
Jails	439,137.41
Public buildings	1,063,747.72
Secret service and secret police	547.77
Civil government	121,480.21
Census	867.50
Elections	118,325.67
Rural Guard	863,831.00
Artillery Corps	25,061.44
Justice:	
Central office	58,012.96
Supreme court	137,489.19
Courts of province	675,681.79
Public buildings	1,125.58
Public instruction:	
Central office	258,647.90
Universities and State schools	510,029.23
Public buildings	112,050.76
Finance:	
Central office	174,250.75
Province	123,180.34
Postal service	383,531.34
Expenditures by collectors of customs	642,522.87
Other customs expenditures	144,700.37
Quarantine	191,945.00
Public buildings	26,962.38
Tariff commission	1,067.50
Consular funds	17.94
Treasurer's office	191,212.03
Auditor's office	127,734.94
Agricultural, industry, and commerce:	
Central office	124,881.67
Province	36,743.95
Expositions	92,016.19
Brood horses and cattle	4,167.89
Public works:	
Central office	63,171.80
Province	185,353.50
Public works	2,421.36
Construction and repairs	1,311,596.70
Light-houses	160,747.20
Ports	2,839.41
Expenditures by captains of ports	62,512.08
Miscellaneous	3.00
Municipalities:	
Administration	61,990.50
Police	99,573.40
Instruction	2,760,422.85
Sanitation	2,302,992.96
Municipalities—Continued.	
Hospitals and charities	$774,452.51
Elections	33,136.39
Public buildings	29,229.97
Miscellaneous	11,182.95
Military department:	
Barracks and quarters	272,743.32
Administration	782,389.86
Administration and Rural Guard	1,476.90
Miscellaneous	1,114.04
Total	16,309,733.41

Apéndice B
(continuación)

STATEMENT.

In the summary of revenues and expenditures in Cuba during American occupation the following figures appear, namely:

Revenues	$57,197,140.80
Expenditures	55,405,031.28
Excess of revenues over expenditures	1,792,109.52

In order to analyze the balance in favor of the Government of Cuba at the close of American administration in account with collectors, disbursing officers, and others, it is necessary to state an account including all fiscal transactions.

The consolidated balance sheet is as follows:

DEBTOR.

For excess of revenues over expenditures		$1,792,109.52
Lost property charged to officers		278.88
Funds deposited with the treasurer in excess of amount certified for credit to depositors		21,869.96
Mine deposits		5,841.70
Trust funds:		
Money-order funds	$80,900.14	
Charity funds	2,786.43	
Sinking fund for Normal school purposes	3,508.30	
Outstanding disbursing officers' checks	3,338.24	
		90,533.11
Total		1,910,633.17

CREDITOR.

By amount credited to officers for transfer of funds in excess of amount charged	50,757.39
Amount of indebtedness canceled by authority of military governor under provision of rule 34	498.59
Suspense items	677.16
In hands of treasurer	635,170.29
Balance outstanding in Santiago de Cuba from transactions in calendar year 1898	6,917.67
Amount due by United States Government for overpayment by General Humphrey (since paid to the Republic of Cuba)	29,836.22
Net balance in the hands of collectors and disbursing officers	1,186,775.85
Total	1,910,663.17

Apéndice C
Reporte de la Oficina de Obras Públicas de la Ciudad de Matanzas sobre los trabajos completados entre Junio 30 y Diciembre 25 de 1899

CIUDAD DE MATANZAS.

Limpieza de calles.

Todas las calles de la ciudad, 709,690 yardas cuadradas, han sido barridas diariamente y en todas se han eliminado la basura y los desperdicios domésticos, con un promedio de 249 cargas diarias. La basura de la calle ha sido transportada a vertederos, donde los incineradores se han mantenido quemando constantemente para destruir toda materia combustible. Las materias contaminantes y de pozo negro (pozos sépticos) ha sido llevada al mar en una barcaza autodestructiva, provista de tanques de hierro para líquidos y basureros para desechos sólidos de la casa, y han sido arrojados afuera de este puerto.

Pozos negros.

Hasta el momento se han limpiado ciento setenta y siete pozos negros (pozos sépticos) a todo lo largo de la ciudad, de los cuales se eliminaron 8,760 barriles de materia sólida y 1,824 cargas inodoras que han sido transportadas por carros capaces de acarrear materia fluida.

Sistema de barriles portátiles.

Cuatrocientas ocho casas, situadas en las partes bajas de la ciudad donde no se pueden hacer pozos negros, han sido suministrados con barriles portátiles con tapas y asientos. Se ha provisto a los vecinos cal como desodorizante y desinfectante. Estas casas son visitadas diariamente por carros empleados exclusivamente para ese propósito, que vacían los barriles llenos y los reemplazan por otros limpios. Los barriles llenos son llevados a una barcaza especial, vaciados, lavados, desinfectados y devueltos a las casas en una subsiguiente visita. El número promedio diario de manipulación de esos barriles diariamente ha sido 470.

Financial statement.

Received from the treasurer, island of Cuba, since June 30, 1900		$35,716.58
Expended in street cleaning and sanitation		31,074.61
Balance		4,641.97
Specific purchases not yet made	$1,828.41	
Outstanding liabilities	2,319.94	
		4,148.35
		493.62

Sea wall.

Nine hundred and thirteen feet of sea wall, extending up the north bank of the San Juan River from its mouth, has been constructed. Behind this wall 1,796 cubic yards of fill has been dumped.

Financial statement.

Received from the treasurer, island of Cuba, since June 30, 1900	$3,659.75
Expended on sea wall	2,663.59
Available cash balance	996.16

Streets repaired.

There have been 30,459.66 square yards of street remetalled with macadam, 7,116.74 square yards of stone gutters (rubble) have been laid, 203.80 cubic yards of retaining wall have been built, 442.63 square yards of curbing have been built, and 401.44 square yards of street repaired.

Financial statement.

Received from treasurer, island of Cuba, since June 30, 1900		$21,550.00
Expended for repair of streets		18,812.09
Balance		2,737.91
Outstanding liabilities	$1,518.10	
Allotted for specific purchases not yet made	700.66	
		2,218.76
Available cash balance		519.15

La ciudad de *Matanzas* en 1899 tenía una población de 36,374 habitantes; el 22.4% de la provincia de Matanzas. El 60% de la población era mayor de 65 años. La *Cuban American Sugar Company* (Grupo Hawley) era la empresa más adinerada en 1898. El cultivo del *Henequén* en la costa norte no llegó hasta 1900 y prácticamente desapareció en 1960.

Apéndice D
Un Álbum de Fotos de Cuba durante la ocupación Norteamericana 1898 - 1902

Arriba, la bandera Norteamericana en lo alto del **Palacio de los Capitanes Generales en La Habana**; *debajo*, la bandera alzándose en la **fortaleza de El Morro** a la misma hora.

Arriba, portón de entrada a una residencia en el bario de **El Vedado** en La Habana; *debajo*, una vista de **La Habana** desde el pueblo de Casablanca.

Arriba, el **paseo** alrededor de la bahía de La Habana antes de la construcción del malecón; *debajo*, nuevo equipo de bombeo de agua instalado en 1901 en el **acueducto de Palatino**.

Arriba, **fuente de agua potable** instalada en 1901 en el pueblo de Casablanca en La Habana; *debajo*, la desembocadura del **río Luyanó**, en La Habana, saneado en 1900.

Arriba, el **Teatro La Caridad** de Cárdenas, cuyo acceso fue repavimentado en 1900; *debajo*, una esquina del barrio de **Versalles** en Matanzas, con las calles ya pavimentadas.

Arriba, el **Teatro Marta Abreu** de Santa Clara; *debajo*, los **nuevos vagones de ferrocarril** en servicio en La Habana en 1899.

Arriba, una **calle de Santa Clara** en reparaciones; *debajo*, una carretera aun sin pavimentar en las **afueras de Cienfuegos**.

Arriba, una **calle de Manzanillo** en vías de reparación; *debajo*, la **entrada de una hacienda azucarera** cerca de Colón en Matanzas.

Arriba, construcción de un puente en la **carretera de Boniato**, cerca de Santiago de Cuba; *debajo*, renovación de la **planta de tratamiento de aguas negras** de Santiago de Cuba en 1901

Arriba, **residencia en Camagüey** renovada por sus dueños en 1899, gracias al progreso de la industria ganadera; *debajo*, una calle de Camagüey con la **Iglesia Catedral al fondo**.

Arriba, soldados Norteamericanos **transportando materiales de construcción** para hacer reparaciones a una calle de Colón, Matanzas; *debajo*, una patrulla de prisioneros en grupo para participar en la **reparación de calles en Pinar del Rio**.

Arriba, el pueblo de **El Cobre** y el **Santuario del Cobre** en 1899; *debajo*, una patrulla de **limpieza de calles en Santiago de Cuba**.

Dos **escenas guajiras** en *Cabaiguán* en Las Villas, cerca de Sancti Spíritus.

Arriba, **limpieza del Río Cauto** en Oriente en 1901; *debajo*, la ciudad de **Nuevitas**, en Camagüey en 1901. Con el tiempo estaba llamada a ser una gran ciudad industrial y exportadora.

Arriba, **un tren de mulas** en Santiago de Cuba en 1901; *debajo*, la **aduana de Santiago de Cuba.**

El 11 de mayo llegaba Estrada á la Habana. Numerosas embarcaciones salieron á esperarle, y es de notar que entre las banderas de Cuba y de los Estados Unidos y sobre un remolcador que conducía á la comisión del Centro filipino flotaba un pabellón desconocido; era la República filipina que daba la bienvenida al presidente de la República cubana. En el espigón de la Luz esperaban á éste y le recibieron entre aplausos y vítores hermosas doncellas rodeadas de niñas con cestos de flores que iban arrojando al paso del Presidente; representaban á las Repúblicas americanas de origen latino.

El día 20, al amanecer, todas las casas de la ciudad estaban ya engalanadas, todos los buques del puerto empavesados. En el Parque cae de su pedestal Isabel la Católica y se alza en él la estatua de la Libertad. A mediodía cesa el Gobierno interventor, se arría el pabellón de los yanquis y tremola la bandera cubana. Wood entrega á Estrada el gobierno de la isla y una carta autógrafa de Roosevelt felicitándole por haber obtenido la primera magistratura de la República. Después, el Ayuntamiento de la Habana, los Delegados de los demás municipios de Cuba, las Corporaciones oficiales y las fuerzas cubanas se reunen en la plaza de Armas para despedir al Honorable general Leonardo Wood y sus tropas, acompañándole con bandas de música hasta más allá del Morro en la flotilla del puerto organizada al efecto.

Arriba, la llegada a la Habana de **Don Tomás Estrada Palma**, nuevo Presidente de Cuba, el 11 de Mayo de 1902, para su toma de posesión el día 20.
Debajo, parte de la reseña periodística en el **Diario de la Marina** el día 11 de Mayo de 1902

REFERENCIAS

1. *Biblioteca del Congreso y Archivos Nacionales* en Washington, DC, *Biblioteca de la Universidad de Miami, Biblioteca de la Universidad de Harvard, Biblioteca de la Universidad Estatal de Nueva York* en New Paltz, *Biblioteca de Investigación en el Instituto Franklin de Filadelfia*, y numerosas fuentes en línea como *Hathi Digital Trust, Jstor (Andrew W. Mellon Foundation) y Google Digital Book Library.* Recursos consultados para recopilar los datos pertinentes a este libro.
2. Brooke, J. R. (1899). *Final report of Major-General John R. Brooke, U.S. Army, Military Governor, on civil matters concerning the island of Cuba.* Havana, Cuba.
3. Brooke, J. R. (1900). *Civil report of Major-General John R. Brooke, U.S. Army, Military Governor, island of Cuba.* Washington, DC. Government Printing Office.
4. Census of Cuba. (1900). *Taken under the direction of the war department, U.S.A. Bulletin* Washington, DC. Government Printing Office.
5. Cruz-Taura, G. (2003). *Rehabilitating Education in Cuba: Assessment of conditions and policy recommendations.* Miami, Florida: Institute for Cuban and Cuban-American Studies, University of Miami.
6. Frye, A. E. (1900a). *Isla de Cuba: Manual para Maestros.* La Habana, Cuba: Oficina de Superintendente de las Escuelas de Cuba.
7. Harvard University Archives. *Teachers from Cuba.*
8. House of Representatives 56th Congress, 1st session, Document no. 2. (1900). *Congressional serial set. Annual reports of the war department for the fiscal year ended June 30, 1899.* Washington, DC: Government Printing Office.
9. Junta de Educación de la Habana. (1901). *Memoria Anual de los Trabajos realizados en las Escuelas Públicas.* La Habana, Cuba: Gutiérrez y Gutiérrez.
10. Miles, N. A. (1899). *Annual reports of the war department for the fiscal year ended June 30, 1899.* Washington, DC: Government Printing Office.
11. Robinson, A. G. (1901). The Cuban School Question. *The Independent, 53*(1), 385-387.
12. Varona, Enrique José. (1901). *La Instrucción Pública en Cuba: Su pasado – su presente.* Habana, Cuba: Ramala y Bouza.
13. Wood, L. (1900). *Annual report of Major General Leonard Wood, U.S.V., Commanding Division of Cuba.* Havana, Cuba.
14. Wood, L. (1901). *Annual reports of the war department for the fiscal year ended June 30, 1900 . Report of the military governor of Cuba on civil affairs in two volumes.*
15. Wood, L. (1901c). *Civil report of brigadier general Leonard Wood, Military Governor of Cuba, for the period from January 1st to December 31st 1901.* Havana, Cuba.

ÍNDICE ONOMÁSTICO

Valores en dólares de 2018
8, 24, 26, 55, 56, 61, 62, 65, 66, 69, 70, 97, 101, 103, 105, 108, 125, 126, 131

A

Almirante Cervera, 4, 15, 19
Anexionismo, 10, 11
Atrocidades, 28
Autonomismo, 10, 11, 119
Azúcar, 36, 38, 56, 65, 67, 78, 79, 80, 93, 103, 104, 105, 107, 112, 140, 151, 159

C

Cabot Lodge, 27, 29
Caibarién, 24
Calixto García, 19, 23, 94, 96, 115, 116, 117, 118, 166
Carlos Finlay, 69, 85
Casa de Beneficencia, 140
Central Victoria, 105
Cerdolización, 95
Cienfuegos, 19, 24, 53, 63, 66, 86, 87, 130

Convención Constituyente, 60, 65, 71, 82, 86, 150
Correos, 16, 53, 141, 142, 149

D

Demetrio Castillo Duany, 19, 117
Diario de la Marina, 41, 102, 124, 133, 154
Diego Tamayo, 85, 92, 124
Doctrina Monroe, 18, 29

E

El Caney, 15, 21
El Imparcial, 95, 97
Elihu Root, 75, 77, 84, 104, 152
Enmienda Foraker, 32, 150, 151
Enmienda Platt, 13, 34, 35, 36, 76, 98, 150
Enmienda Teller, 15, 18, 93
Enrique José Varona, 85

F

Fitzhugh Lee, 16, 40, 53, 85, 102, 116

G

Greble, 62, 85, 139, 140
Guantánamo, 19, 23, 117, 130

H

Habana, 15, 16, 17, 18, 19, 20, 24, 27, 31, 33, 39, 53, 54, 55, 56, 58, 59, 60, 62, 63, 64, 66, 67, 68, 69, 77, 81, 84, 85, 86, 87, 99, 100, 101, 102, 104, 108, 109, 110, 111, 112, 115, 116, 118, 120, 124, 125, 126, 128, 130, 131, 133, 134, 135, 136, 137, 138, 139, 140, 141, 142, 143, 144, 145, 146, 148, 157, 158, 159, 161, 189
Harvard, 62, 67, 143, 153, 154, 189
Hearst, 27
Heraldo de Madrid, 24, 95, 96
Hispano-Cubano-Norteamericana, 9, 14, 15, 17, 19, 20, 21, 22, 24, 38, 40, 119
Holguín, 23, 117

Huérfanos, 62, 66, 139
Hugh L. Scott, 104

J

John R. Brooke, 31, 52, 53, 85, 92, 189
José Ramón Villalón, 85
Joseph B. Foraker, 18
Junta Patriótica, 140

L

La Ilustración Española y Americana, 97
Leonard Wood, 189
Leopoldo Cancio, 85, 92, 143
Library of Congress, 8
Ludlow, 111, 120, 125, 126, 128, 140, 143

M

Matanzas, 4, 19, 24, 31, 33, 53, 54, 57, 59, 63, 66, 85, 87, 99, 104, 105, 112, 130, 158, 159, 160, 164, 171
Máximo Gómez, 4, 18, 19, 20, 33, 35, 91, 94, 96, 119, 158, 166
McCullagh, 101
McKinley, 13, 16, 18, 29, 34, 78, 80, 91, 104

Medicamentos 63, 66, 81, 136
Menocal, 101, 161

N

New York Evening Post, 40, 94
New York World, 89
Nuevitas, 24

P

Partido Revolucionario Cubano, 15
Paseo del Prado, 110, 118, 140
Perfecto Lacoste, 85, 92
Puerto Príncipe, 31, 53, 54, 59

R

Raciones, 54, 55, 62, 140
Rathbone, 53, 141, 142
Reconcentración, 18, 90, 164
Reformismo, 10, 11, 12
Resolución Conjunta, 12, 18, 19, 20, 29
Roosevelt, 15, 21, 27, 28, 29, 104

S

San Juan Hill, 21, 23
Santa Clara, 31, 33, 53, 54, 59, 66, 105, 112, 164

Santiago, 10, 15, 19, 20, 21, 22, 23, 24, 26, 31, 53, 54, 56, 59, 62, 66, 84, 86, 87, 94, 117, 130, 154, 158, 10, 15, 19, 21, 22, 24, 59, 62, 66, 86, 87, 94, 117, 130, 154
Separatismo, 10
Shafter, 10, 21, 117

T

Tabaco, 40, 56, 65, 67, 78, 79, 80, 103, 104, 107, 108, 112, 151
The New York Tribune, 94
Tomás Estrada-Palma, 15
Tratado de París, 15, 78, 94

U

USS Maine, 15, 17, 27

V-W

Viudas, 41, 103, 113, 140
William Ludlow, 53, 85, 111
William Shafter, 10, 117
Wood, 31, 32, 34, 35, 53, 75, 77, 81, 84, 87, 92, 150, 151, 152, 153, 161, 189

Raúl Eduardo Chao recibió su doctorado de la Universidad Johns Hopkins y después de un breve paso por la industria estuvo 18 años en el mundo académico, como profesor titular y Director de los Departamentos de Ingeniería Química en las Universidades de Puerto Rico y Detroit. En 1986 fundó una empresa de consultoría enfocada a ayudar a empresas y agencias gubernamentales a desarrollar un ambiente de trabajo positivo e implementar técnicas de mejora de procesos para asegurar mejoras simultáneas en productividad y calidad. El *Grupo Systema* tuvo como clientes empresas de las catalogadas como Fortune 100 y diversdas organizaciones federales y estatales, tanto en los EE.UU. como en el extranjero. Como Presidente de Systema, Chao ha escrito una docena de libros sobre gerencia, ciencias e Historia de Cuba y numerosos artículos en periódicos y revistas. Él y su esposa Olga viven en Lakeland, Florida y pasan largos períodos de tiempo en París.

www.ingramcontent.com/pod-product-compliance
Lightning Source LLC
Chambersburg PA
CBHW030521080526
44586CB00011B/281